Das Beste zu Beginn

Glanz des Empire
Ein guter Ort, um eine Stadtbesichtigung zu beginnen, ist der zentrale George Square. Das prächtige Rathaus verrät sehr viel von den Glanzzeiten Glasgows als Second City of the Empire. Quer durch die Stadt finden sich weitere Prachtbauten, z. B. die hochkarätige Kelvingrove Art Gallery & Museum oder das palastartige Unigebäude im West End.

Kommunale Kultur
Nicht weniger als zehn Museen mit zum Teil international herausragenden Werken stehen Besuchern offen – und das völlig kostenlos! Dieser Kulturreichtum ist ein riesiges Plus und durch die Uni, den National Trust for Scotland und private Initiativen kommen noch viele weitere Highlights hinzu.

Einfach mal ausgehen
Glasgow ist eine Ausgehstadt – in die ansprechend sanierte Merchant City sind viele Lokale eingezogen, in den Szenevierteln Hillhead und Finnieston im West End sind studentische, traditionelle und hippe Adressen direkte Nachbarn.

Tee im Gesamtkunstwerk
Die berühmten Tea Rooms von Charles Rennie Mackintosh (▶ rechts) sind heute an mehreren Stellen in ihrem alten Jugendstil-Glanz wieder neu erstanden. Vergessen Sie die Hektik der Großstadt, genießen Sie einen guten Tee mit leckeren Scones – oder wie wäre es mit einem opulenten Afternoon Tea?

Raus aus der Stadt
Wer genug Straßenpflaster gesehen hat, kann einen der vielen schönen Parks besuchen. Im Pollok Country Park etwa fühlt man sich schon wie auf dem Land. Oder warum unternehmen Sie nicht gleich einen Ausflug an die Ufer des berühmten Loch Lomond am Rande der Highlands?

Mit Whisky und Fiddle

Die Pubkultur gehört in Glasgow zum täglichen Leben dazu. Gehen Sie abends auf ein Pint in die Kneipe oder probieren Sie einen »wee dram« (kleinen Schluck) von Schottlands Nationalgetränk, dem Whisky. Schnell kommen Sie mit anderen Gästen ins Gespräch oder es gibt Live-Folk mit Fiddle und Akkordeon.

Jugendstil à la Glasgow

Zunächst gefeiert, dann vergessen: Glasgows international berühmter Jugendstil-Architekt Charles Rennie Mackintosh und seine Frau Margaret Macdonald haben der Clyde-Metropole großartige Jugendstil-Bauten und -Innendesigns hinterlassen. Das Portfolio von »CRM« reichte von Schulen bis zu palastartigen Wohnhäusern. Den Genuss sollten Sie sich auf keinen Fall entgehen lassen, z. B. in einem seiner fantastischen Tea Rooms (▶ links).

Die Weltstadt der Musik

Was haben Simple Minds, Franz Ferdinand, Mark Knopfler und Amy Macdonald gemeinsam? Richtig, Sie stammen aus Glasgow oder dem direkten Umland. Glasgows vielfältige Musikszene hat seit langem einen exzellenten Ruf und bringt immer wieder internationale Stars hervor.

Unabhängig oder nicht?

Seit Jahren diskutieren die Schotten über ihre staatliche Zukunft. Und auch in Zeiten des Brexits bleibt die Debatte aktuell. In Glasgow finden auf dem George Square regelmäßig kleinere oder größere Unabhängigkeitsdemos statt – die Frage lautet weiterhin: Quo vadis, Schottland?

Seit rund 30 Jahren erlebe ich immer wieder, wie sich Glasgow voller Schwung neu erfindet. Attraktiv sind die pulsierende Kulturszene, die z. T. fantastische Architektur und eine sich rasant entwickelnde Gastrolandschaft – gepaart mit der legendären Freundlichkeit der Glaswegians.

Fragen? Erfahrungen? Ideen?

Ich freue mich auf Post.

 *Mein Postfach bei DuMont:*
m.eickhoff@dumontreise.de

Das ist Glasgow

»Geliebter grüner Ort« – so soll sich Glasgows Name ableiten. Das ist heute inmitten der dicht bebauten Stadtlandschaft am Fluss Clyde nicht mehr auf den ersten Blick nachzuvollziehen. Doch »Glesga«, wie die Einheimischen sagen, hat einen schwer zu leugnenden Charme, dem sich Besucher auf den zweiten oder dritten Blick nicht entziehen können. Mit Stolz präsentieren die Glaswegians die vielen großartigen Attraktionen der Clyde-Metropole und das spannende und abwechslungsreiche Kultur- und Unileben. Von international hochkarätigen Museumspalästen bis zu urigen Pubs mit Live-Folkmusik ist das Angebot enorm vielfältig. Glasgow ist ideal für spannende Entdeckungen.

Aufbruch am Clyde

Zu Beginn des 20. Jh. war Glasgow die Second City of the Empire, hier wurden die Schiffe für das Weltreich gebaut. In der Stadt zeugen prächtige rote Sandsteinbauten bis heute von der Blütezeit. Es entstanden imposante Museen, prächtige Bürohäuser und stattliche Wohnviertel. Doch die Fallhöhe war enorm: Nach dem Zweiten Weltkrieg schlossen die Werften und der Hafen, die Arbeitslosigkeit stieg stark und es wurden bedauerliche Bausünden begangen. Erst Mitte der 1980er-Jahre begann eine atemberaubende Neuausrichtung der Stadt im Sinne des alten Stadtmottos »Lass Glasgow blühen«: Brachflächen wurden neu bebaut, das Clyde-Ufer revitalisiert, der Jugendstil-Architekt Charles Rennie Mackintosh wieder ins Rampenlicht gerückt, die verdreckten Fassaden der Stadt gereinigt, neue Museen gebaut – in Glasgow hat man immer das Gefühl, dass sich etwas tut, dass sich die Stadt bewegt und sich neu erfindet. Schottlands größte Metropole befindet sich weiterhin mitten im Aufbruch. Noch gibt es viel zu tun und nicht alle Viertel haben bis jetzt gleichmäßig vom Aufschwung profitiert. Die sozialen Unterschiede sind noch immer sehr groß. Doch eines ist unverkennbar: Glasgow ist mächtig im Kommen!

Jugendstil à la Glasgow

Dass Teetrinken in Großbritannien traditionell Kult ist, dürfte vielen bekannt sein. Doch in Glasgow wurde die Teekultur von der findigen Teehausbesitzerin Kate Cranston zusammen mit dem Jugendstilarchitekten Charles Rennie Mackintosh zu einem echten Besuchererlebnis gestaltet. Mackintosh schuf in Glasgow mit seinen Teehäusern, Schul- und Akademiegebäuden sowie einer Kirche und Herrenhäusern an der Wende zum 20. Jh. eine ganz eigene Form des Jugendstils, den Glasgow Style. Selbst beim Innendesign wurde alles bis ins letzte Detail durchgeplant. Die Rückbesinnung auf die überragende Bedeutung von Mackintosh hat dazu geführt, dass heute wieder viele seiner großartigen Gebäude besichtigt und bewundert werden können.

Revolution in der Küche

Die Entwicklung auf dem kulinarischen Sektor in den letzten 20 Jahren ist atemberaubend. Ob in stylischen Bars im Stadtzentrum oder in modernen

Straßenmusik in der Fußgängerzone – in der Buchanan Street werden die Passanten oft gut unterhalten.

und trendigen Bistros in der Merchant City, in Finnieston oder in Hillhead – die Zeiten von Fish'n'Chips sind einer kreativ interpretierten schottischen Küche gewichen. Regionale Zutaten sind angesagt – vom Angusrind und Lammfleisch bis zu Meeresfrüchten. Dazu kommen die hervorragenden exotischen Spezialitäten der indischen Küche, die in Glasgow besonders stark vertreten ist. Auch selbst gebrautes Craft Beer wird immer beliebter und der Aufschwung der Whisky-Industrie hat auch den Clyde erreicht. Aber die klassischen Fish'n'Chips gibt es natürlich immer noch.

Eine Frage des Stils

Die Glaswegians sind für ihre Freundlichkeit, aber auch für ihren oft schwarzen Humor und ihre Direktheit bekannt. Einige Fallstricke gibt es jedoch. Vorneweg: Schottland ist nicht England, das ist den Glaswegians sehr wichtig. Im Gegensatz zum Landestrend stimmte 2014 eine Mehrheit der Glaswegians beim Unabhängigkeitsreferendum sogar für die staatliche Unabhängigkeit. Auch nicht gerne gesehen werden Vergleiche mit der benachbarten Hauptstadt Edinburgh. Nicht umsonst lautete ein jahrelanger Werbeslogan: »Glasgow's miles better.« Problematisch kann es auch beim Fußball werden. Denn die beiden großen Fußballteams der Stadt repräsentieren bis heute auch die unterschiedlichen katholisch-irischen (Celtic) bzw. protestantisch-schottischen (Rangers) Wurzeln vieler Glaswegians. Da kommt es wesentlich besser, Filme von Robert Carlyle oder die Musik von Amy Macdonald oder der Simple Minds zu loben. Überhaupt: Ein paar enthusiastische Worte über Glasgow und Schottland – und schon sind Sie mitten im Gespräch. Wichtigstes Thema dabei ist das Wetter. Der berühmteste Glasgower Comedian, Billy Connolly, sagte dazu einmal, es gebe in Schottland nur zwei Jahreszeiten: Juni und Winter …

Glasgow in Zahlen

0
Pfund kostet der Eintritt in die kommunalen Museen.

1
Queen – es kann nur eine geben.

5,9
% der Menschen in Glasgow sind offiziell arbeitslos (2018).

15
Stationen steuert die kreisförmige Subway an.

25
Wandgemälde gab es 2018 auf dem Mural Trail.

53,5
% der Glaswegians stimmten 2014 für die schottische Unabhängigkeit.

66,6
% der Glaswegians stimmten 2016 für den Verbleib in der EU.

127
m hoch ist der nadelförmige Glasgow Tower.

175
km² groß ist die Stadtfläche.

190
indische Lokale servieren Würziges vom Subkontinent.

468
Jugendstil-Glastropfen und 300 Glasperlen wurden für das Mackintosh at the Willow neu angefertigt.

3500
Grabsteine und Monumente machen die Glasgow Necropolis zu einem denkmalgeschützten Friedhof

9000
Kunstwerke (ungefähr) hinter-ließ der Reeder William Burrell der Stadt.

48 000
Glaspanelen machen das Dach der Central Station erstaunlich lichtdurchlässig.

55 000
Studierende sind an den drei Universitäten der Stadt eingeschrieben.

620 000
Einwohner hat Glasgow, das sind gut 135 000 mehr als in der Hauptstadt Edinburgh.

1 400 000
Besucher strömen jährlich ins städtische Riverside Museum.

10 000 000
Ziegelsteine wurden beim Bau des Glasgower Rathauses verwendet.

40
% Alkohol hat ein schottischer Single Malt Whisky mindestens.

52 063
Zuschauer passen ins National-stadion Hampden Park.

Was ist wo?

Glasgow ist eine Stadt, die sich je nach Stadtviertel äußerst unterschiedlich präsentiert. Manches Highlight – wie der Kathedralenbezirk oder der Pollok Country Park – wirken sogar wie Inseln in der Stadtlandschaft. Es lohnt sich also nach einer Erkundung des Stadtzentrums und der schicken Merchant City rauszufahren ins universitäre West End, hinüber in die South Side oder einfach mal zum Loch Lomond am Rande der Highlands.

Erster Überblick

Glasgows Reiz begrenzt sich definitiv nicht auf das **Stadtzentrum** und das einstige Viertel der Kaufleute. Selbst der historische Kathedralenbezirk liegt nicht in der heutigen Innenstadt, sondern östlich davon. Dennoch lassen sich hier sehr viele Attraktionen gut zu Fuß erkunden. Unbedingt lohnenswert ist der (lange) Weg zu Fuß oder mit der U-Bahn hinaus ins **West End** – jenseits der Stadtautobahn M 8. Dort angekommen, ist man am besten zu Fuß unterwegs. Etwas schlechter angebunden sind die Attraktionen entlang des Clyde. Und für die Ausflüge in die **South Side** zu den diversen Parks, Museen und Herrenhäusern oder noch weiter nach New Lanark bzw. zum Loch Lomond benötigen Sie Vorortbahnen und Busse.

Stadtzentrum und Merchant City

Das heutige Stadtzentrum und das Ausgehviertel **Merchant City** (📖 G/H 4) liegen Schulter an Schulter. Hier ist es gelungen, die zentralen Stadtteile wiederzubeleben und den baulichen Perlen neuen Glanz zu verleihen. Das großartige Rathaus, das Mackintosh-Design-Centre The Lighthouse, die von Mackintosh designten Tea Rooms oder auch das kuriose kinetische Figurentheater Sharmanka sind attraktive Besucherziele im Herzen der Stadt. Das Rückgrat bildet die Fußgängerzone **Buchanan Street** (k G 3/4) mit ihren zwei großen Einkaufszentren. Die Fußgängerzone ist auch für eine lebendige Straßenmusikerszene bekannt.

Vielseitige Cafés, Bars, Restaurants und Pubs runden das Angebot ab.
Östlich der Merchant City sind der Park **Glasgow Green** (📖 H/J 5/6) mit dem People's Palace sowie der Flohmarkt The Barras interessante Abstecher.

Kathedralenbezirk

Unbedingt lohnenswert ist östlich des zentralen George Square ein Abstecher zur **Kathedrale** (📖 J 3), der Keimzelle der Stadt. Angeschlossen sind zwei interessante Museen, besonders aber der angrenzende denkmalgeschützte Friedhof der **Necropolis**. Die viktorianische Totenstadt mit ihren großbürgerlichen Monumenten ist eine echte Besonderheit. Als Kontrast wirken die beiden bekannten Brauereien Tennent's und Drygate unmittelbar südlich des Kathedralenbezirks.

West End

Das quirligste Stadtviertel ist eindeutig das West End, das von der **Uni** und den ausgehfreudigen Studenten geprägt ist. **Hillhead** (📖 D/E 1/2) und **Finnieston** (📖 D 3) haben sich zu echten Szenevierteln entwickelt. Entlang der Great Western Road, Byres Road und dem westlichen Teil der Argyle Street finden sich viele angesagte Cafés, Restaurants, Pubs und kleine Fachgeschäfte. Hauptattraktionen sind die fantastische Kelvingrove Art Gallery & Museum im Kelvingrove Park, das palastartige Hauptgebäude der **Glasgow University** mit ihren Hunterian-Museen sowie der **Botanische Garten** (📖 D 1).

Clydeside

Der Strukturwandel ist am **Ufer des Clyde** (⟐ B–D 3/4) deutlich spürbar. Statt ehemaliger Docks und Hafenbecken finden sich nun auf dem Scottish Event Campus (SEC) ein Messegelände und zwei große Veranstaltungshallen. Dazu kommen Fernsehsender, Hotels und der Aussichtsturm Glasgow Tower neben dem Glasgow Science Centre. Attraktiv sind auch die neue Clydeside Distillery sowie das markante Riverside Museum mit einem großen Segler am Kai. Auf der anderen Flussseite in **Govan** führt die Govan Old Church zurück in die Wikingerzeit und **Fairfields** in die alte Welt der Werften.

South Side

Auch südlich des Clyde bietet Glasgow viel Attraktives: **Pollokshields** (⟐ C–F 6–8) war die erste geplante Gartenstadt Großbritanniens, im **Bellahouston Park** (⟐ A 6) entstand das House for an Art Lover nach Plänen von Mackintosh und im **Pollok Country Park** (⟐ A/B 8) locken hohe Kultur in der Burrell Collection sowie herrschaftliches Leben im Pollok House. Wo im **Queen's Park** städtische Erholung angesagt ist, verlor Maria Stuart 1568 ihre letzte Schlacht. Heute kämpft das schottische Fußballteam im Stadion **Hampden Park** um internationale Erfolge. Die einzelnen Attraktionen liegen jedoch recht weit auseinander.

New Lanark und Loch Lomond

Wer die Stadt verlassen will, hat zwei sehr attraktive Ziele: Die **New Lanark Mills** (⟐ Karte 4, B 2) sind eine frühindustrielle Mustersiedlung am Oberlauf des Clyde, wo Robert Owen zu Beginn des 19. Jh. seine Ideen einer sozialeren Arbeitswelt verwirklichte. Die hervorragend restaurierte Siedlung ist heute Unesco-Welterbe. Im Westen hingegen führt der Weg nach Balloch zum **Loch Lomond** (⟐ Karte 4, A 1), direkt an den Rand der Highlands. Bei einer Schiffstour überqueren sie sogar die geografische Grenze und erleben, wie schön die schottische Seen- und Bergwelt sein kann.

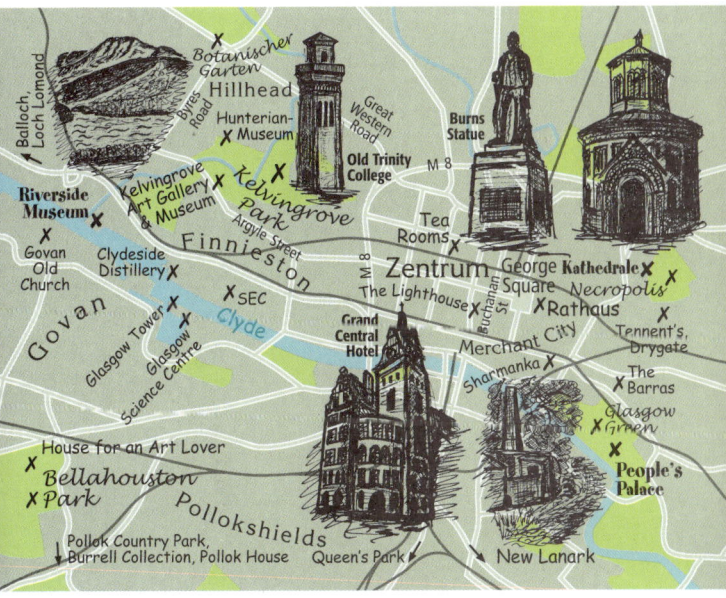

Augenblicke

Im Wandel der Zeit

Glasgow ist eine Stadt der architektonischen Kontraste. Das lässt sich in der Innenstadt immer wieder beobachten. Ein gutes Beispiel ist die Gallery of Modern Art: Der freistehende Bau, der auf das 18. Jh. zurückgeht, wirkt mit dem Säulenportal wie ein römischer »Tempel«. Einst residierten hier reiche Kaufleute, eine Bank und dann die Börse. Vom klassizistischen Eingangsbereich der Galerie gleitet der Blick heute auf die modernen Häuserfassaden am Rande der Merchant City.

Stadt der Toten

Über die »Brücke der Seufzer« erreichen Sie neben der Kathedrale den schönsten Friedhof Schottlands. Die Glasgow Necropolis dokumentiert eindrucksvoll den Anspruch der wohlhabenden Bürger im 19. Jh., sich auch im Tode noch öffentlich zu präsentieren. 3500 Grabmonumente machen die ungewöhnliche Stadt der Toten zu einem denkmalgeschützten Park – ein Rundgang lohnt sich auf alle Fälle. Hoch oben thront Schottlands hauseigener Reformator John Knox. Er schaut noch heute gestreng auf Glasgow herab.

Stadtgründer mit Vögelchen

Glasgow hat sich in den letzten Jahren mit großflächigen Wandgemälden ein neues Kunstfeld erschlossen. Die murals greifen viele lokale Themen auf. So schaut an der High Street in Sichtweite der Kathedrale ein bärtiger St. Mungo wohlwollend auf ein Vögelchen herab. Der legendäre Stadtgründer von Glasgow soll der Sage nach einen solchen Piepmatz wieder zum Leben erweckt haben. Deshalb findet sich auch im Stadtwappen ein Vogel. Sehr typisch für Glasgow sind übrigens die Häuserzeilen aus rotem Sandstein.

Ihr Glasgow-Kompass

#2
Ein Viertel erfindet sich neu – **Merchant City**

#3
Grünanlage mit Volkspalast – **Glasgow Green**

RETTUNG
vor dem
Abriss

⊗
WO SICH DER STADTGRÜNDER NIEDERLIESS

#1
Versammlungsort mit Rathaus – **der George Square**

ÖFFENTLICHE BÜHNE FÜR POLITISCHEN WETTSTREIT

WOMIT FANGE ICH AN?

1 2 3

EIN SEE OHNE MONSTER

15

14 13 12

#15
Ausblick in die Highlands – **zum Loch Lomond**

Imposante Industriekultur am rauschenden Bach

KUNST-SCHÄTZE EINES INDUSTRIE-MAGNATEN

Königliche Dramen

#14
Unesco-Welterbe am Clyde – **New Lanark Mills**

#13
Kunst im Park – **Burrell Collection und Pollok House**

#12
Großbritanniens erste Gartenstadt – **Pollokshields**

#4

Keimzelle der Stadt – **rund um die Cathedral**

#5

Shopping pur – **Buchanan Street**

Wenn die Stadtbevölkerung Erholung braucht

das passt!

#6

Glanz des Empire – **Central Station bis Blythswood Square**

Schaufenster in Glasgows

BLÜTEZEIT

MACKINTOSHS
MEISTERWERK

#7

Tee im Jugendstil – **Mackintosh an der Sauchiehall Street**

WOW-FAKTOR →

#8

Vom Mietshaus zum Campanile – **ins West End**

INTERNATIONALE
KUNST-HIGHLIGHTS

VOM HÖRSAAL
INS PRALLE LEBEN

#9

Mediterraner Kunstpalast – **die Kelvingrove Art Gallery & Museum**

Take me to the river

#11

Strukturwandel im ehemaligen Hafen – **am Ufer des Clyde**

#10

Das Univiertel – **Hillhead und die Byres Road**

Versammlungsort mit Rathaus – **der George Square**

Am zentralen Platz der Innenstadt schlägt das kommunale Herz der Metropole: Das großartig-prunkvolle Rathaus beeindruckt außen wie innen. Hier wird der Reichtum der Stadt im Industriezeitalter sehr deutlich – die zweite Stadt des britischen Empire wusste zu glänzen. Draußen auf dem Platz wird oftmals heiß diskutiert, denn wenn es in Glasgow zu Demonstrationen kommt, dann trifft sich die Menschenmenge auf dem George Square. Aber auch Konzerte und ein Weihnachtsmarkt locken hier Besucher.

Glasgows urbaner »meeting point«: auf dem George Square schlägt das Herz der Stadt.

Ein Stadtrundgang sollte auf dem zentralen **George Square** 1 beginnen, im Schatten des viktorianischen Rathauses, den **Glasgow City**

Chambers 2. Mehrere Statuen auf dem Platz ehren eine bunte Mischung an Monarchen und Honoratioren, rund um stehen zahlreiche wuchtige und weniger wuchtige Gebäude, die vornehmlich während der wirtschaftlichen Blütezeit in der zweiten Hälfte des 19. Jh. entstanden. Ein einheitlicher Stil fehlt jedoch.

Lang lebe König George – doch wo ist er?

Am besten setzt man sich auf eine der vielen Sitzbänke und lässt das Ensemble zunächst einmal auf sich wirken. Heute kündet nur noch wenig von den Anfängen des Platzes gegen Ende des 18. Jh., als sich Glasgow aufgrund des wachsenden Handels nach Westen erweiterte. Am Rande der heutigen Merchant City (▶ S. 24) wurde dieser großzügige Platz ab 1772 als gehobene Wohnadresse mit Grünanlage angelegt. Damals, nur 30 Jahre nach dem Ende des letzten schottischen Jakobiten-Aufstandes gegen die britische Krone, wollten die Stadtväter von Glasgow ihre Treue gegenüber dem britischen Königshaus deutlich zum Ausdruck bringen. Also wurde der Platz nach König George III. benannt.

Nun werden Sie sich sicher umschauen und sich fragen, welcher der Herren auf den Sockeln denn nun König George ist? Doch die Suche nach dem König wird erfolglos bleiben, denn kurioserweise erinnert keine einzige Statue an den Namensgeber. Geehrt werden u. a. Queen Victoria und ihr Mann Albert, aber auch der Erfinder der Dampfmaschine James Watt und Premierminister Gladstone sowie mehrere heute völlig unbekannte Persönlichkeiten. War der König peinlich, weil er als geistig instabil galt? Vielleicht verziehen die Kaufleute aus Glasgow dem König auch nicht, dass er die profitablen US-Kolonien 1783 verloren hatte und so der Tabak- und Wollhandel arg in Bedrängnis kam.

Kommunaler Glanz und Gloria im Empire

Ende des 19. Jh. war Glasgow die Second City of the Empire und die reichen Industriellen wollten dies gebührend mit einem prunkvollen Rathaus feiern. Der imposante Bau der City Chambers

ÜBRIGENS

Auf der zentralen Säule des Platzes thront hoch oben **Sir Walter Scott**. Durch seine erfolgreichen Historienromane verpasste er Schottland zu Beginn des 19. Jh. ein sehr positiv-romantisches Image. Bis dahin galten die Schotten als rauh, kriegerisch und rebellisch – Scott machte das Land hingegen zu einer Top-Adresse für Landschaftsliebhaber. Er war quasi der erste Tourismusbeauftragte des Landes.

Ebenfalls mit einer Statue geehrt wird der Nationaldichter Robert Burns (1759–96), der mit seinen Werken den schottischen Lowland-Dialekt gesellschaftsfähig machte. Sein berühmtes Lied »Auld Lang Syne« wurde z. B. zu einer Neujahrshymne in der englischsprachigen Welt.

ÜBRIGENS

In Glasgow regiert nicht einfach ein Oberbürgermeister. Der offizielle Titel lautet **»The Right Honourable The Lord Provost of Glasgow – Lord Lieutenant«**. Seit 2017 bekleidet Eva Bolander von der Scottish National Party (SNP) das Amt.

wirkt mit seinem mächtigen Giebel und den flankierenden Türmen fast schon sakral und ein wenig italienisch. Der Eindruck setzt sich im Eingangsbereich fort, wo das Stadtwappen als Mosaik in den Boden eingelassen wurde: »Let Glasgow flourish« – lass Glasgow blühen!

Die Stadtväter waren auch sonst nicht knausrig: Sie ließen den Architekten William Young für die grandiosen Treppenaufgänge Marmor aus Italien heranschaffen, dazu Granit aus Aberdeen. Und sie genehmigten sich einen glanzvollen Bankettsaal für festliche Anlässe. Große Wandgemälde würdigen u. a. den Stadtgründer St. Mungo (▶ S. 33), aber auch den Schiffsbau. Die einstige Bedeutung Glasgows unterstreicht zudem, dass im Sitzungssaal des Stadtrats der Stuhl des Oberbürgermeisters, des Lord Provost, ein persönliches Geschenk von Queen Victoria zur Einweihung des Rathauses 1888 war.

Unbedingt lohnenswert sind die kostenlosen Führungen (▶ Infokasten).

INFOS/ÖFFNUNGSZEITEN

Glasgow City Chambers ❷: George Square, T 0141 287 40 18, www.glasgow.gov.uk, Führungen Mo–Fr 10.30 und 14.30 Uhr (45 Min., Treffpunkt im Foyer, Anmeldung nur persönlich 30 Min. vor Tourbeginn), Eintritt frei
CitySightseeing Glasgow ❶:
▶ S. 113
George Square Christmas Market:
George Square, www.glasgowloveschristmas.com, Ende Nov.–31. Dez. Mo–Mi 10–21, Do–So 10–22 Uhr

---

KULINARISCHES FÜR ZWISCHENDRIN

»Pub grub« und ein Drink im beeindruckenden Ambiente unter der Kuppel einer ehemaligen Schalterhalle? Das quirlige **The Counting House** ❶ (▶ S. 105, Hauptgerichte ca. 5–12 £) der Kette JD Wetherspoon ist oft brechend voll mit einer bunten Mischung aus Shoppern, Büroangestellten und Touristen.

Wesentlich gesetzter geht es im benachbarten **The Anchor Line** ❷ (12–16 St Vincent Place, T 0141 248 14 34, www.theanchorline.co.uk, So–Di 9–23, Mi/Do 9–24, Fr/Sa 9–1 Uhr, Hauptgerichte ca. 15–30 £, mittags günstiger) zu. Auch Kaffee und Cocktails werden serviert.

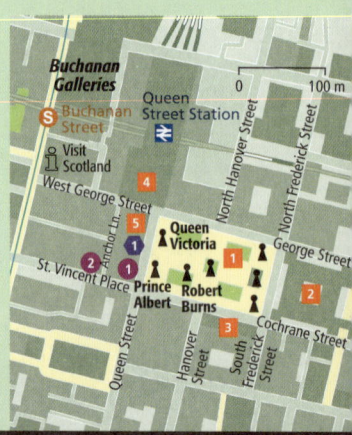

Karte 2, E/F 3/4 | **U-Bahn** Buchanan Street, Busse George Square

Im Rathaus wurde richtig geprotzt – hier das imposante Treppenhaus.

Erste Adresse

Die zentrale Funktion des Platzes unterstreichen auch Gebäude wie die ehemalige **Hauptpost** 3 sowie die **Queen Street Station** 4, der wichtigste Bahnhof für Fahrten nach Edinburgh und in den Norden des Landes.

Handel und Wirtschaft waren in Glasgow immer zentrale Themen. So befindet sich am Platz u. a. das 1874 errichtete **Merchants House** 5. Die Vertretung der Kaufleute ist bis heute z. B. im Wohltätigkeitsbereich aktiv. Gleich daneben wurde die sehr stattliche Filiale der Bank of Scotland (1870) in den Pub **The Counting House** ❶ umgewandelt.

→ UM DIE ECKE

Viele Gebäude der vorletzten Jahrhundertwende haben heute neue Nutzer gefunden. So konnten am St Vincent Place Richtung **Buchanan Street** (▶ S. 37) im **Anchor Building** ❷ einst 1.-Klasse-Passagiere im noblen Marmor-Ambiente ihre Schiffsfahrten mit der Anchor Line in die Neue Welt buchen. Die Inneneinrichtung erinnert an diese goldenen Zeiten der Atlantikdampfer. Ein Blick in die schicke Restaurant-Bar lohnt sich. Nebenan befand sich einst die Zeitung Evening Citizen, heute ebenfalls eine Bar. Sehr wenig in den Kontext des George Square passt das brutalistische Hochhaus nördlich des Platzes, das quasi über dem Ensemble thront.

Ein Viertel erfindet sich neu – **Merchant City**

Südlich des George Square 1 (▶ S. 20) erstrecken sich die rechtwinklig angeordneten Straßenzüge der Merchant City. Im 18. Jh. waren die Kaufleute mit dem Handel von Tabak und Zucker, aber auch Sklaven reich geworden und legten planmäßig diese erste Stadterweiterung an. Heute ist das Stadtviertel mit seinen historischen Bauten durch Cafés, Restaurants, Theater und Kulturzentren sehr angesagt. Durch die Neunutzung wurden viele historische Gebäude vor dem Abriss bewahrt.

Der Turm der einstigen Tron Kirk ist am Trongate eines der wenigen Relikte der früheren Altstadt.

Erste Anlaufstelle für die Erkundung der Merchant City ist die **Gallery of Modern Art (GoMA) 2** am Royal Exchange Square, dem einstigen Börsenplatz. Der römisch wirkende Palast mit einem mächtigen Säulenvorbau entstand Ende des 18. Jh. zunächst als stattliches Landhaus. Die reichen Kaufleute wollten raus aus der stickigen Enge der Altstadt an der heutigen High Street und legten sich großzügige Grundstücke mit Gärten zu. Doch die rasante Stadtentwicklung schluckte bald jeden unbebauten Quadratmeter. Und so wurde das Landhaus in einen klassizistischen Tempel für die Börse umgewandelt, umgeben von einem streng geordneten Stadtplatz – heute eine nette Adresse für eine Pause in den vielen Cafés.

Derzeit gibt es zwei Nutzer für das historische Gebäude: Im Erdgeschoss sind regelmäßig zeitgenössische Wechselausstellungen in der GoMA zu sehen – ein echter Kontrast zum altertümlichen Baustil des Gebäudes. Im Keller ist eine Filiale der Stadtbibliothek angesiedelt.

Tabakbarone und Gilden

Die schnurgerade Ingram Street führt von der GoMA nach Osten zur alten High Street. Doch ein erster Abstecher lohnt rechts die Miller Street, wo sich in Nr. 42 das kleine **Tobacco Merchant's House** `3` von 1775 befindet; ein letztes Relikt aus der Zeit der Tabakbarone. Straßennamen wie die Virginia Street, die durch den Durchgang Virginia Court erreicht wird, zeugen genauso von jenen Tagen wie das heutige Merchant City Inn (▸ S. 88).

Sehr ansehnlich ist auch das kuppelgekrönte einstige Gebäude der Versicherung **Scottish Legal Life Assurance** `4` (1889) Ecke Wilson Street. 100 Jahre älter ist gleich um die Ecke in der Glassford Street die **Trades Hall** `5`, ein letztes Zeugnis des bedeutendsten schottischen Architekten des ausgehenden 18. Jh., Robert Adam. Das Haus der Gilden dient noch heute seinem ursprünglichen Zweck und kann besichtigt werden (mit Ausstellung unter dem Dach).

Gerichte und Märkte

Zurück an der Ingram Street war die kirchenähnliche **Hutchesons' Hall** `6` zu Beginn des 19. Jh. u. a. für eine Waisenschule gedacht. Sie gehört heute dem National Trust for Scotland und beherbergt ein schickes Restaurant (▸ Infokasten). Das elegante Interieur im 1. Stock ist sehenswert und wurde wunderbar renoviert.

**Ü**
ÜBRIGENS

Der Name **Merchant City** ist ein Kunstname für das Stadtviertel, der erst im Zuge der »Wiederentdeckung« und Neubelebung als griffiger Markenname im Laufe der 1980er-Jahre entstand. Die Bezeichnung hilft immer noch, das Besondere des Viertels für die Stadtentwicklung von Glasgow herauszustellen.

Der Herzog von Wellington sitzt selten ohne »Hut« vor der GoMA. Egal, wie oft die Stadtverwaltung die Kopfbedeckung entfernt, schnell ist sie wieder da.

INFOS/ÖFFNUNGSZEITEN

GoMA 2: Royal Exchange Square, T 0141 287 30 50, www.glasgowlife. org.uk/museums, Mo–Mi, Sa 10–17, Do 10–20, Fr/So 11–17 Uhr, Eintritt frei
Trades Hall 5: 85 Glassford Street, www.tradeshallglasgow.co.uk, Mo–Fr zu Bürozeiten einfach klingeln, Eintritt frei
Sharmanka 12: 103 Trongate, T 0141 552 70 80, www.sharmanka.com, Mi–So je eine 40-minütige Show, Eintritt 8, erm. 6/3 £, Do/So je eine 70-minütige Show, Eintritt 10, erm. 8 £
Britannia Panopticon 13: 117 Trongate, T 0141 553 08 40, www.britannia panopticon.org, Di–Sa 12–17 Uhr, Spende erbeten

KULINARISCHES FÜR ZWISCHENDRIN

Die Merchant City ist voller ansprechender gastronomischer Adressen sowie lebendiger Kneipen.

Hier einige nette Pausentipps: Frisches, selbstgebackenes Bio-Brot sowie leckere Scones und Kuchen gibt es im Bäckerei-Café **Singl-end Cafe & Bakehouse** 1 (15 John Street, ▶ S. 92). Sehr elegant ist die Atmosphäre im **Hutchesons** 6 (158 Ingram Street, T 0141 552 40 50, www. hutchesonsglasgow.com, So–Do 12–24, Fr/Sa 12–1 Uhr, Hauptgerichte 13–25 £). Passend zum Ambiente kommt gehobene schottische Küche auf den Tisch, an Wochenenden besser reservieren. Traditionelle und mehrfach prämierte Fish'n'Chips gibt es im **Merchant Chippie** 2 (155 High Street, T 0141 552 57 89, Mo–Mi 11–23, Do 11–24, Fr/Sa 11–1, So 12–23 Uhr, Fish'n'Chips ca. 6–8 £).
Weitere Empfehlungen sind das **Café Gandolfi** bzw. **Fish Gandolfi** 3 (▶ S. 95), das **City Merchant** 4 (▶ S. 95) sowie das **Cossachok** 5 (▶ S. 96).

26

Schräg gegenüber befand sich bis in die 1980er-Jahre der Sheriff Court, im 19. Jh. auch das Rathaus. Heute ist im **Old Sheriff Court** `7` das Scottish Youth Theatre untergebracht. Völlig neue Besitzer fanden auch die alten Märkte zwischen Candleriggs (die einstige Gasse der Kerzenmacher) und Albion Street. Der einstige Obstmarkt ist als **Old Fruitmarket** Teil des Veranstaltungszentrums **City Halls** `8`. Hier verschmolzen zwei sehr unterschiedliche Gebäude zum heutigen Sitz des BBC Scottish Symphony Orchestra und des Scottish Chamber Orchestra. Neues Leben zog auch in einen anderen Teil des Markthallenkomplexes ein, wo unter dem Namen **Merchant Square** `9` ein überdachter Gastrobereich entstand. Samstags und sonntags finden hier tagsüber auch kleine Kunsthandwerkermärkte statt.

Das alte Stadtzentrum

Die wunderbar renovierte Gründerzeitarchitektur aus rotem Sandstein der angrenzenden Straßenzüge Albion Street und Bell Street ist in sich schon beeindruckend. Hier zeigt sich ein gelungenes Beispiel für innerstädtische Sanierung.

Nur noch sehr wenige Spuren deuten darauf hin, dass Sie sich hier am Rande des mittelalterlichen Stadtzentrums befinden. Doch die High Street verband den Marktplatz am Tolbooth mit der Kathedrale (▶ S. 32) weiter nördlich. Nur der 1626/27 erbaute Turm des einstigen Rathauses, Gerichts und Gefängnisses, der **Tolbooth Steeple** `10`, blieb als Verkehrsinsel in der Mitte der sehr belebten Straßenkreuzung Glasgow Cross erhalten. Daniel Defoe, Autor von Robinson Crusoe, hatte 1726 notiert: »Wo die Straße an der Kreuzung auf den weitläufigen Marktplatz trifft, (…) steht der noble und wehrhafte Tolbooth.«

Nach Westen zu führt das Irongate schnurgerade zur Argyle Street und zurück in die Innenstadt. Nach wenigen Metern ist der 1631 erbaute Kirchturm der einstigen **Tron Kirk** `11` ein weiteres historisches Relikt, heute Sitz des Tron Theatre (▶ S. 109).

Russisches Figurentheater und britische Music Hall

Zwei echte Kuriosa liegen direkt nebeneinander am Trongate: Das kinetische Figurentheater

ÜBRIGENS

Licht und Schatten der Stadtsanierung liegen in der Ingram Street dicht beieinander: Während der ehemalige, von Mackintosh designte Tearoom (205–217 Ingram Street) noch 1971 abgerissen wurde, restaurierte man nebenan das wunderbare ehemalige Bankgebäude der Glasgow and Ship Bank (1842) mit viel Liebe zum Detail. Heute serviert der **Corinthian Club** `15` (www.thecorinthianclub.co.uk) unter der hohen Glaskuppel schottische Küche, Afternoon Tea und Drinks.

Eine gute Whisky-Auswahl, wie hier im schicken Corinthian Club, ist in Glasgows Bars Standard.

Sharmanka 12 des emigrierten russischen Künstlers Eduard Bersudsky ist im **Kulturzentrum Trongate 103** Glasgows ungewöhnlichste Attraktion. Die aus Metall entstandenen filigranen Fantasiekonstruktionen sind voller bizarrer Figuren und erzählen ganze Geschichten. Ein Apparat heißt z. B. »Titanic«, einer anderer »La Strada« – und nahezu alles setzt sich bei den Aufführungen in Bewegung, quietscht und klingelt. Kein Wunder, denn Sharmanka bedeutet im Russischen so etwas wie Drehorgel oder Leierkasten. Das Figurentheater ist unbedingt sehenswert!

Gleich nebenan befindet sich Großbritanniens älteste erhaltene Music Hall, das **Britannia Panopticon** 13, in einem Zustand langsam fortschreitender Restaurierung. In der mehr als 160-jährigen Geschichte begann hier z. B. die Karriere von Stan Laurel (Dick und Doof), sie war aber sogar schon eine Hühnerfarm! Nun wird sie von einem privaten Freundeskreis liebevoll betreut und regelmäßig für Veranstaltungen genutzt.

ÜBRIGENS

Einen wichtigen Beitrag zum Erhalt der architektonischen Highlights leistet der **Glasgow City Heritage Trust** 16, der u. a. mit Führungen und Infobroschüren über das reiche Erbe der Stadt informiert. Infos: 54 Bell Street, www.glasgow heritage.org.uk

→ **UM DIE ECKE**

Etwas versteckt liegt südöstlich des Tolbooth die klassizistische Kirche der Tabakbarone, **St Andrew's in the Square** 14. Sie entstand Mitte des 18. Jh. im Zentrum des damals elegantesten Platzes der Stadt. Errichtet wurde sie nach dem Vorbild von St Martin-in-the-Fields in London. Heute finden hier Hochzeiten, Konzerte und andere Events statt, während im Keller das fesche Restaurant Café Source (www.cafe source.co.uk) Einzug gehalten hat.

Grünanlage mit Volkspalast – **Glasgow Green**

3

Östlich der Merchant City lag der Park Glasgow Green lange vor den Toren der Stadt. Während der industriellen Gründerzeit erschuf man hier den People's Palace mit seinem schönen Wintergarten. Heute ist hier ein Museum untergebracht. Nebenan residiert in einer eindrucksvollen ehemaligen Teppichfabrik eine schottisch-bayerische Brauerei, während einige Straßenzüge weiter Schottlands größter Flohmarkt inzwischen wie ein Relikt aus vergangenen Zeiten wirkt.

Gleich hinter dem **Tolbooth Steeple** 1 am Glasgow Cross (▶ S. 27) verließ man im Mittelalter über die London Road die Stadt. Schon 1450 vermachte König James II. das Gelände am Ufer des Clyde Bischof Turnbull, der es wiederum den Bürgern der Stadt schenkte. Doch Glasgows ältester Stadtpark ist eher eine große Rasenfläche, der Name **Glasgow Green** 2 ist also sehr wörtlich zu nehmen. Andererer-

Auch auf dem Glasgow Green wird gelegentlich demonstriert, hier für die schottische Unabhängigkeit.

seits ist sie ideal für große Konzerte und Events, die hier gelegentlich stattfinden.

Revolutionäre Geistesblitze

Im 18. Jh. wurde auf dem Glasgow Green Geschichte geschrieben: 1765 ging hier der Legende nach ein junger Ingenieur namens James Watt spazieren, als er die revolutionäre Idee hatte, die ihm beim Bau der ersten Dampfmaschine zum Durchbruch verhalf. Damit ist die Grünanlage einer der Geburtsorte für die industrielle Revolution. Der Obelisk in der Mitte des Greens ehrt jedoch nicht Watt, sondern Admiral Nelson, den Sieger der Seeschlacht von Trafalgar gegen Napoleon.

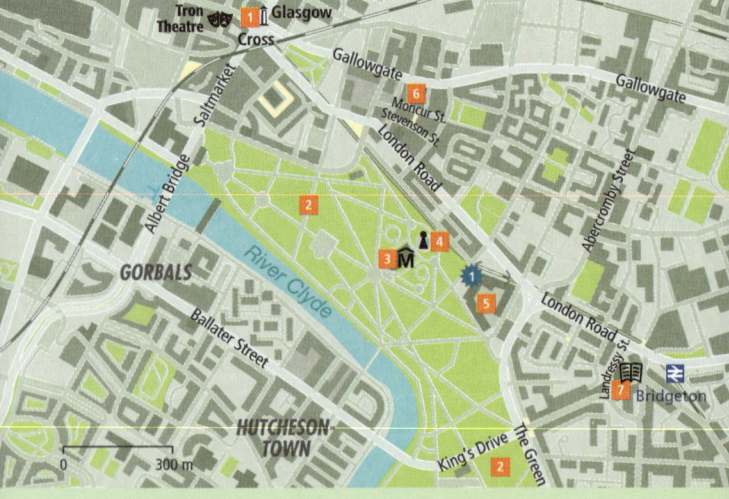

INFOS/ÖFFNUNGSZEITEN

People's Palace and Winter Gardens
3: Templeton Street, T 0141 276 07 88, www.glasgowlife.org.uk/museums, Mo–Do, Sa 10–17, Fr/So 11–17 Uhr, Eintritt frei

The Barras / Barrowland Ballroom
6: 244 Gallowgate, www.glasgow-barrowland.com, Flohmarkt Sa/So 10–17 Uhr

Glasgow Women's Library 7: 23 Landressy Street (Bridgeton), T 0141 550 22 67, www.womenslibrary.org.uk, Mo–Mi, Fr 9.30–17, Do 9.30–19.30, Sa 12–16 Uhr

KULINARISCHES FÜR ZWISCHENDRIN
Neben dem **Café im People's Palace 3** bietet die Brauerei **West** (▶ S. 106) auch deftige Küche zum Selbstgebrauten, mit Biergarten. Angeboten werden auch Brauereiführungen (Fr 18, Sa 12, 15, So 15 Uhr, 11,50 £, Infos und Buchung: T 0141 550 01 35).

Cityplan H/J 5–7 | Busse 2, 18, 61, 64 Glasgow Cross

Bildung im Volkspalast

Das zentrale Gebäude im Park ist der **People's Palace and Winter Gardens** 3 von 1898. Damals wollten die Stadtväter der arbeitenden Bevölkerung einen Ort der Bildung und Erholung schaffen, denn die sozialen und wirtschaftlichen Unterschiede zwischen Arm und Reich waren enorm in Glasgow. Heute widmet sich das interessante Museum dem Stadtleben im 19. und 20. Jh. Themen sind u. a. die Wohnsituation, die Arbeitswelt, Armut, Verbrechen, Ferien und die Gewerkschaften. Ein Kleinod ist der wunderbare Wintergarten unter dem hohen Glasdach im hinteren Teil. Dort befindet sich auch ein Café.

Imperialer Brunnen und bierselige Teppiche

Gleich vor dem Museumseingang ist der reich verzierte **Doulton Fountain** 4 von 1888 eine Hommage an die imperiale Vergangenheit Großbritanniens. Oben auf dem Brunnen thront Queen Victoria, darunter symbolisieren Figuren die einstigen Kolonien Australien, Indien, Kanada und Südafrika. Der Brunnen war ursprünglich für die Internationale Ausstellung 1888 in Glasgow konzipiert worden.

Wenige Schritte weiter soll die exotisch wirkende Fassade der einstigen Teppichfabrik **Templeton** 5 an den Dogenpalast in Venedig erinnern. 2006 zog hier die schottisch-bayerische Brauerei **West** ✹ samt Gastronomie ein.

→ **UM DIE ECKE**

Einige Straßenblocks nördlich ist zwischen London Road und Gallowgate der **Barras** 6 ein Paradies für Trödelliebhaber. Es gibt inzwischen aber auch ein höherwertiges Art & Design Centre. Angeschlossen ist der legendäre Musik- und Tanzpalast **Barrowland Ballroom**, wo früher Popgrößen wie David Bowie auftraten. Amy Macdonald widmete dem Laden auf ihrem Debüt-Album »This is the Life« gleich ein ganzes Lied. Und Robert Carlyle siedelte hier 2015 seinen humorvollen Film »The Legend of Barney Thomson« mit Emma Thompson an, weil er fürchtete, dass die traditionsreiche Institution bald dem rasanten Strukturwandel im East End zum Opfer fallen könnte.

ÜBRIGENS

Einige Straßenzüge östlich des Glasgow Green befindet sich Schottlands einzige Frauenbibliothek, die **Glasgow Women's Library** 7. Sie ist in einer ehemaligen Bücherei untergebracht, die von dem Stahlbaron Andrew Carnegie gestiftet worden war, und ist ein sehr ehrgeiziges und vielseitiges Projekt für normale Ausleihe, Forschungsarbeiten sowie Ausstellungen und Veranstaltungen.

Erinnert an die imperialen Zeiten: der Doulton-Brunnen vor dem People's Palace.

Keimzelle der Stadt – **rund um die Cathedral**

Auf einem Hügel östlich der heutigen Innenstadt markiert die prächtige gotische Kathedrale den Entstehungsort der Stadt. Der Mönch Mungo soll Glasgow hier im 6. Jh. gegründet haben. Beredter Zeuge des Mittelalters ist auch das benachbarte Museum im historischen Provand's Lordship, während sich ein weiteres Museum mit religiöser Kunst beschäftigt. Ungewöhnlich und sehr sehenswert ist zudem die denkmalgeschützte Totenstadt der Glasgow Necropolis.

Unter dem gotischen Prachtbau der Kathedrale soll Stadtgründer St. Mungo begraben liegen.

Andernorts entwickelte sich das moderne Stadtzentrum rund um die zentrale Kirche, doch in

Glasgow tickten die Uhren etwas anders. Im Laufe der Jahrhunderte wanderte das Stadtzentrum immer weiter weg, heute sind es vom George Square (▶ S. 20) knapp 20 Minuten zu Fuß bis zur **Glasgow Cathedral** ▮1▮.

Ein Heiliger am »geliebten grünen Ort«

Der Legende nach kam der Mönch Kentigern im 6. Jh. von der Ostküste hinüber an den Clyde. Auf dem Hügel der heutigen Kathedrale schlug er angeblich seine Zelte auf, taufte die Leute der Umgebung und gründete eine erste Kirche – damit schuf er die Keimzelle für die ganze Stadt. Bei den Leuten war Kentigern anscheinend beliebt, sie nannten ihn Mungo, »geliebter Freund«. Dieser erwiderte die Sympathie und sprach vom »geliebten grünen Ort«: Glasgow. Anderen Übersetzungen zufolge bezieht sich der Name jedoch auf den »grauen Felsen« nebenan, auf dem heute die Nekropole steht. Nach seinem Tod wurde der Stadtgründer heilig gesprochen, er wird heute in der Unterkirche der Kathedrale geehrt, wo man sein Grabmal vermutet. Eine sehr moderne Ehrung ist das nahegelegene große Wandgemälde an der High Street (▶ Mural Trail, S. 81).

Ein König greift ein

500 Jahre lang war es rund um Mungo sehr ruhig geblieben, bis König David I. 1136 am heutigen Standort eine erste Bischofskirche einweihte. Um die Wahl von Glasgow abzusichern, kamen bald zahlreiche Legenden um Mungo in Umlauf (▶ Übrigens rechts). David verfolgte mit seinen Kirchengründungen und den neuen Mythen auch staatspolitische Ziele, da er bestrebt war, gegenüber den englischen Nachbarn eine eigene schottische Identität und kirchenpolitische Machtbasis aufzubauen.

Auch aufgrund der vielen Pilger florierte die Kirche als Bischofssitz und wurde ständig erweitert. Die Blütezeit war im 15. Jh. erreicht: 1451 gelang es Bischof William Turnbull, die päpstliche Zustimmung zur Gründung einer Universität zu erlangen (▶ S. 56), 1492 erfolgte die machtpolitisch wichtige Erhebung zur Erzdiözese. Mitte des 16. Jh. setzte jedoch die Reformation ein und bald teilten sich nicht weniger als drei protestantische Gemeinden die Kirche.

ÜBRIGENS

Stadtgründer Mungo war auch der erste Krisenmanager der Stadt: Der Heilige soll einen toten Vogel wieder zum Leben erweckt und mit einem Ast ein Feuer wieder entfacht haben. Durch einen cleveren Plan konnte er zudem mit Hilfe eines Fisches einer des Ehebruchs beschuldigten Königin einen wertvollen Ring zurückgewinnen und so eine Bloßstellung durch den König vermeiden. Zudem soll er eine Glocke aus Rom an den Clyde gebracht haben. Zusammen sind diese Wundertaten von Mungo seit 1647 im Stadtwappen von Glasgow verewigt. Dieses hängt auch an mehreren Laternenpfählen auf dem Platz vor der Kathedrale. Zu den vier Symbolen gibt es ein viel zitiertes melancholisches Gedicht:
»Das Vögelchen, das niemals flog,
der Baum, der niemals wuchs,
der Fisch, der niemals schwamm,
die Glocke, die niemals schlug.«

Prächtige Gotik

Begünstigt wurde die Aufteilung des imposanten gotischen Gotteshauses durch die Lage am Hang: Das hoch aufstrebende weitläufige Kirchenschiff im Westteil wird durch den filigranen Lettner (15. Jh.) vom gotischen Hochchor, der Oberkirche, abgetrennt. Im katholischen Mittelalter war die Gemeinde vom eigentlichen Gottesdienstgeschehen mehr oder weniger durch die Chorschranke ausgeschlossen. Vielerorts fielen die Chorschranken deshalb während der Reformation. Unter dem Chor befindet sich ein weiterer Kirchenraum, die Unterkirche aus dem 13. Jh. Aufgrund der dicht gedrängten Pfeiler wirkt sie wie eine Krypta, erhält aber am Hang immer noch Tageslicht. Hier befinden sich auch einige letzte Baureste aus dem 12. Jh. Eine schöne gotische Ergänzung war die Blacader-Kapelle (Ende 15. Jh.) als angedeuteter Südflügel.

INFOS/ÖFFNUNGSZEITEN

Glasgow Cathedral 1: Castle Street, T 0141 552 81 98, www.glasgow cathedral.org.uk, April–Sept. Mo–Sa 9.30–17.30, So 13–17, Okt.–März Mo–Sa 10–16, So 13–16 Uhr, Eintritt frei

St Mungo Museum of Religious Life & Art 2 / Provand's Lordship 3: Castle Street, T 0141 276 16 25, www.glasgowlife.org.uk/museums, Di–Do, Sa 10–17, Fr/So 11–17 Uhr, Eintritt frei

Glasgow Necropolis 4: Castle Street, tgl. 8–16.30 Uhr, Eintritt frei

Tennent's 5: Wellpark Brewery, 161 Duke Street, T 0141 202 71 45, www.tennentstours.com, Führungen 10, erm. 8/7 £

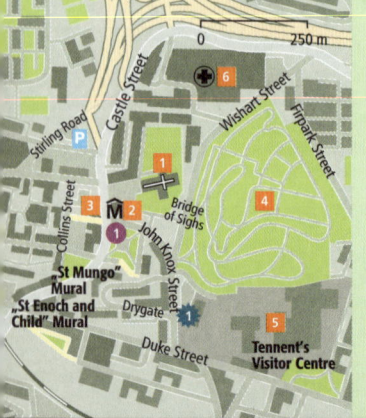

KULINARISCHES FÜR ZWISCHENDRIN

Im St.-Mungo-Museum befindet sich ein Café. An der Straßenkreuzung Castle Street/Cathedral Square wartet jedoch eine kuriose Attraktion, die blaue **Empire Coffee Police Box 1** (www.facebook.com/empirecoffeebox, Mo–Sa 8–15 Uhr, im Winter Mo–Fr). Rocco Conforti hat die ehemalige Polizeihütte zu einem kultigen kleinen Kaffeestand mit Sandwiches und diversen Kleinigkeiten umgebaut. Er ist auch immer für ein Schwätzchen zu haben.

Karte 2, H/J 2–4 | Bus 38, 57 Glebe Street/Stirling Road

Religiöse Kunst

Nebenan widmet sich das 1993 eröffnete **St Mungo Museum of Religious Life & Art** über die Religionsgrenzen hinweg Glaubensfragen sowie Riten und Bräuchen von der Geburt bis zum Tod und zur Welt des Jenseits. Der inhaltliche Bogen reicht vom Buddhismus über das Christen- und Judentum bis zum Islam und Hinduismus und sogar darüber hinaus.

Markante Exponate sind in der Gallery of Religious Art z. B. ein Buddha, ein nigerianischer Ahnenschrein, aber auch eine ägyptische Mumienmaske (ca. 500 v. Chr.). Ungewöhnlich ist das tanzende Skelett vom »Tag der Toten« aus Mexiko in der Gallery of Religious Life. In der Scottish Gallery steht die Entwicklung des Glaubens in Schottland im Vordergrund.

Glasgows ältestes Wohnhaus

Gleich auf der anderen Straßenseite steht **Provand's Lordship** 🔳, Glasgows ältestes Wohnhaus (1471). In dem mittelalterlichen Haus präsentiert eine Ausstellung u. a. Glasgow im 15. und 16. Jh. Beim Rundgang knarren die Dielen und an den niedrigen Türen muss man manchmal den Kopf einziehen. Das Haus begann seine Geschichte übrigens als Armenhaus, später waren dann auch ein Pub und ein Süßigkeitenladen hier angesiedelt – ob jedoch auch Maria Stuart hier mal zu Besuch war, ist bis heute nicht zu klären.

Stadt der Toten

Eine echte Besonderheit ist die **Glasgow Necropolis** 🔳 auf dem Fir Park Hill, dem »grauen Felsen«, jenseits eines kleinen Taleinschnitts. Seit 1832 entstand hier nach dem Vorbild des Pariser Père Lachaise eine beeindruckende bürgerliche »Stadt der Toten« mit mehr als 70 großen Sockelmonumenten, 3500 Grabmälern und insgesamt 50 000 Beerdigungen. Sichtbar sind also vor allem die Gräber der reicheren Bürger, während die meisten Toten aufgrund ihrer Armut in Gemeinschaftsgräbern bestattet wurden.

Ganz oben auf dem Hügel thront der schottische Reformator John Knox, der mit der Bibel in der Hand beschwörend auf die weite Stadtland-

ÜBRIGENS

Am benachbarten Krankenhaus **Glasgow Royal Infirmary** 🔳 entdeckte der junge Professor **Joseph Lister** (1827–1912) 1865 die oft lebensrettende Möglichkeit, durch antiseptische Mittel – er wählte damals Phenol – Wundentzündungen verhindern zu können. Damit wurde er zu einem der Begründer der modernen Chirurgie und auch der allgemeinen Krankenhaushygiene.

Besser als die Polizei erlaubt: Kaffee aus Rocco Confortis blauer Box.

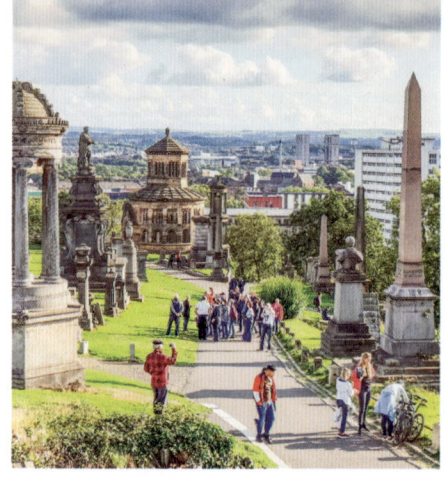

Imposante Grabmäler aus dem 19. Jh. prägen die Stadt der Toten.

Das Mausoleum für Archibald Douglas Monteath, der hier 1842 beigesetzt wurde.

schaft hinabschaut. Knox war Mitte des 16. Jh. für seine feurigen Reden bekannt und war ein wortgewaltiger Gegenspieler von Königin Maria Stuart. Seine gestrengen Lebensvorstellungen trugen ihm den Beinamen »Mr Killjoy« ein – bei den lebenslustigen Schotten setzte er sich damit nicht durch.

Lange Zeit war die parkähnliche Friedhofsanlage dem Verfall preisgegeben, inzwischen kümmert man sich verstärkt um diese denkmalgeschützte Stadt der Toten. Dorthin gelangt man übrigens von der Kathedrale über die »Brücke der Seufzer«: Sie trennt die »Zeit von der Ewigkeit«.

→ UM DIE ECKE

Gleich unterhalb der Nekropole befindet sich nach Süden zu eine der bekanntesten Brauereien Schottlands, die **Wellpark Brewery von Tennent's** 5 . Gebraut wurde rund um die Kathedrale schon von den Mönchen, die jetzige Brauerei hat aber auch bereits 280 Jahre auf dem Buckel. Interessante Führungen vermitteln einen Einblick in die Produktion des hellen Tennent's Lager.

Mit Beteiligung von Tennent's gründete sich vor einigen Jahren auf einem ehemaligen Geländeteil die unabhängige Craft-Beer-Brauerei **Drygate** ✹ (▶ S. 107), die über eine eigene Bierhalle verfügt und neue Akzente setzt.

Shopping pur –
Buchanan Street

5

Wie eine lange Perlenschnur erstreckt sich die quirlige Shoppingmeile Buchanan Street als Fußgängerzone von der Argyle Street bis zur Sauchiehall Street. Die beiden größten Einkaufszentren finden sich hier, aber auch zahlreiche kleinere Fachgeschäfte und natürlich Cafés für eine Shoppingpause. Unter der Straße verkehrt die drittälteste U-Bahn der Welt. In den Seitengassen warten mit dem Mackintosh-Lighthouse und der Gallery of Modern Art zwei spannende Ausstellungshäuser.

Die städtischen Rivalen Glasgow und Edinburgh vergleichen sich oft neidisch miteinander. In puncto Fußgängerzone gewinnt definitiv Glasgow mit der langen Buchanan Street und den angrenzenden Straßenzügen. Dadurch entfal-

Die Fußgängerzone ist eine entspannte Shoppingmeile.

Glasgow macht seinem Ehrentitel als **Unesco City of Music** auch in punkto Straßenmusik in der Fußgängerzone alle Ehre. Busking – wie Straßenmusik auf Englisch genannt wird – ist in Glasgow sehr populär. Oft unterhalten talentierte Musiker die vorbeiziehende Menschenmenge und sorgen so für Stimmung.

Unter der Buchanan Street verkehrt seit 1896 die drittälteste U-Bahn der Welt.

tet die Stadt mitten im heutigen Zentrum viel urbanes Flair und lädt auch zum Bummeln ein. Das wissen die Glaswegians und die Bewohner der gesamten Region vor allem an Wochenenden zu ausgedehnten Einkaufstouren für sich zu nutzen.

Einst ländlich, heute geschäftig

Von Shopping war am Ende des 18. Jh. keine Rede, als die Buchanan Street entstand. Auf einem Grundstück des 1759 verstorbenen Tabakbarons und ehemaligen Bürgermeisters von Glasgow, Andrew Buchanan, wurde 1777 Bauland vergeben. Die Lage wurde als »sehr angenehm« gepriesen, weil »der Ausblick ländlich und gefällig ist«… Doch wie schon in der Merchant City fraß die rasante städtische Entwicklung jegliche Grünfläche auf, sodass von den Anfängen an der nach Buchanan benannten Straße leider nichts erhalten blieb.

Stilistische Vielfalt

Ausgangspunkt für den Bummel durch die Fußgängerzone ist das südliche Ende an der Argyle Street an der **U-Bahn-Station St Enoch** **1**. Hier dominiert das 1989 eröffnete Einkaufszentrum **St Enoch Centre** **2**. Nach Osten zu zieht sich die Argyle Street noch ein Stückchen als Fußgängerzone hin, nach Westen ist bereits die markante Überführung der Central Station (▸ S. 41) zu sehen.

Wie wenig einheitlich die Bebauung der Buchanan Street ist, zeigt sich schon auf den ersten Metern nach Norden. Zur Linken versteckt sich das noble Kaufhaus Frasers hinter den Fassaden gleich mehrerer Häuser. Das eigentliche Highlight ist jedoch zur Rechten in Nr. 30 die viktorianische **Argyll Arcade** **3** von 1827. Diese historische Passage ist Schottlands Nobelmeile für Juweliere und Uhrmacher; sie erstreckt sich bis zur Argyle Street. Gleich am Anfang verraten z. B. die Wappen der Queen und von Prince Charles im Laden von Mappin & Webb, wer zur Kundschaft zählt.

Wenige Schritte weiter folgt in Nr. 34–58 das fesche Einkaufszentrum **Princes Square** **4** mit modernen, künstlerischen Fassadenelementen. Gegenüber steht an der Ecke zur Mitchell Lane ein Kuriosum: Das schwarze Haus (Nr. 85) wurde Ende der 1960er-Jahre bewusst so gebaut, um sich farblich den durchweg rußverschmutzten, dunklen Fassaden der Innenstadt anzupassen. Nach dem großen Reinemachen der Fassaden wirkt das »schwarze Haus« farblich nun ziemlich deplatziert.

Sehr schön ist nebenan in Nr. 91 das im Stil der niederländischen Renaissance erbaute Haus, in dem sich ursprünglich der Buchanan Street Tea Room von Miss Cranston befand. Der Nachfolger befindet sich heute als **Willow Tea Rooms** ❶ in Nr. 97.

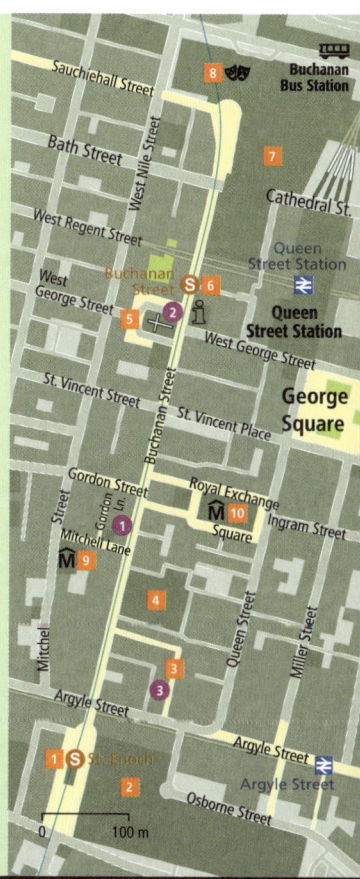

INFOS/ÖFFNUNGSZEITEN

Für Adressen und Öffnungszeiten der Läden ▸ »Stöbern & entdecken«, S. 98

KULINARISCHES FÜR ZWISCHENDRIN

Leckeren Tee mit frischen Scones im Mackintosh-Stil bietet die Filiale der **Willow Tea Rooms** ❶ (97 Buchanan Street, T 0141 204 52 42, www.willowtearooms.co.uk, Mo–Sa 9–18.30, So 10–17.30 Uhr).

Sehr stimmungsvoll ist eine Kaffeepause im **The Wild Olive Tree** ❷ (▸ S. 91) in der **St George's Tron Church** ❺. Fast alles ist Fairtrade, es gibt super Scones, leckere Suppen sowie in Glasgow gerösteten Kaffee. Die Kirche wird übrigens weiterhin auch für Gottesdienste genutzt.

Wesentlich rustikaler geht es im **Sloans** ❸ (62 Argyll Arcade, T 0141 221 88 86, www.sloansglasgow.com, So–Do 11–24, Fr/Sa 11–1 Uhr, Hauptgerichte 7–12 £) zu, das direkt an die **Argyll Arcade** ❸ angeschlossen ist. In dem versteckten Traditionspub werden entsprechend deftige Gerichte in freundlicher Atmosphäre serviert.

Karte 2, D/E 2–5 | **U-Bahn** und **Bus** St Enoch

Für Glasgows berühmtesten Architekten entstand ein »Leuchtturm« als Museum.

Kirche und First Minister

Am Nelson Mandela Place passiert die Buchanan Street die **St George's Tron Church** 5 aus dem frühen 19. Jh. Sie beherbergt nun das einladende Café **The Wild Olive Tree** 2 .

Jenseits der **U-Bahn-Station Buchanan Street** 6 und der zentralen Touristeninformation steigt die Straße etwas an, bevor sie am 1999 eröffneten Einkaufszentrum **Buchanan Galleries** 7 ausläuft. Angeschlossen ist hier zudem die hervorragende **Glasgow Royal Concert Hall** 8 , die 1990 aus Anlass des europäischen Kulturhauptstadtjahres eröffnet wurde. Der Bau war ein wichtiger Meilenstein für die kulturelle Renaissance von Glasgow.

Am höchsten Punkt der Fußgängerzone schaut der 2000 verstorbene Labour-Politiker Donald Dewar von der Säule die Straße hinab. Er gilt als wichtiger Architekt des aktuellen schottischen Autonomie-Statuts und war 1999 der erste First Minister im wieder eröffneten schottischen Parlament. Das erste Teilstück der sich nach Westen anschließenden Sauchiehall Street ist eine Fortsetzung der Shoppingmeile.

→ UM DIE ECKE

Nur wenige Schritte von der Buchanan Street liegen zwei der wichtigsten Museen und Ausstellungszentren der Stadt: Die sehr schmale Gasse Mitchell Lane führt zu einem versteckten Architektur-Juwel von Charles Rennie Mackintosh, das heute als **The Lighthouse** 9 Schottlands Design und Architektur präsentiert (▶ S. 82).

Weiter nördlich führen zwei parallele Gassen jeweils durch einen Bogen auf den Royal Exchange Square zur **Gallery of Modern Art** 10 (▶ S. 26) und hinüber in die Merchant City.

Glanz des Empire –
Central Station bis Blythswood Square

6

An der Wende zum 20. Jh. galt Glasgow als Second City of the Empire – nur London hatte die Nase vorn. Dieser wirtschaftlichen Glanzzeit lässt sich besonders gut im Viertel rund um den Bahnhof Central Station nachspüren. In manchen Straßenzügen lässt sich baulich noch leicht erkennen, welches Selbstbewusstsein Glasgow damals besaß. Auch nach dem Ersten Weltkrieg entstanden noch viele stattliche Banken und Versicherungen. Heute sind hier z. T. große Pubs ins Erdgeschoss eingezogen.

Glasgow war schon immer eine Stadt der Gegensätze: Während am Clyde in den Werften der wirtschaftliche Wohlstand hart erschuftet wur-

Schottlands belebtester Bahnhof ist ein viktorianisches Glanzwerk.

Spannend sind die geführten Touren mit Paul Lyons in die mehrstöckige **Unterwelt der Central Station**. Lyons setzt sich enthusiastisch für die Erkundung und Öffnung des Bahnhofs für Besucher ein (▶ Infokasten).

Nicht nach unten, sondern nach oben wurde das bahnhofseigene Grand Central Hotel gebaut. Es nimmt fast die gesamte Außenfläche des Bahnhofs ein.

de, entstanden im heutigen Stadtzentrum gegen Ende des 19. Jh. immer prächtigere Bauten. Man wollte den wirtschaftlichen Aufstieg zur zweiten Stadt im britischen Empire auch gebührend dokumentieren. Die Bevölkerung war bis auf mehr als eine Million Menschen angewachsen. Glasgow war auf dem Zenit des Wachstums angekommen.

Viktorianischer Prachtbahnhof

In der zweiten Hälfte des 19. Jh. wurden Bahnhöfe zur repräsentativen Visitenkarte aufstrebender Städte. Auch Glasgow gönnte sich ein mächtiges, weitläufiges und sehr beeindruckendes Bahnhofsgebäude im Stadtzentrum, die 1879 eröffnete **Central Station** 1. Bis dahin endeten die Züge südlich des Clyde. Für das neue Mammutprojekt planierte man ein ganzes Stadtviertel. 1901 wurde der Bahnhof sogar nochmal erweitert und wer heute die großzügige Fläche vor den Gleisen, den Concourse, betritt, bekommt eine Ahnung von den Ausmaßen. Besonders beeindruckend ist das riesige Glasdach, das mit 48 000 Glaspanelen zu einem der größten in Europa zählt. Mit mehr als 30 Mio. Passagieren jährlich ist dies zugleich der größte Bahnhof Schottlands.

Verlassen Sie den Bahnhof durch die gusseisernen Haupttore und treten unter das grüne Abdach, sieht es draußen baulich noch fast so aus wie vor 100 Jahren. Einige Droschken, mehr Spazierstöcke und Hüte – und schon könnten die Dreharbeiten für einen Sherlock-Holmes-Film beginnen.

Roter Sandstein

Wenige Meter weiter trifft man in der Hope Street wieder auf den Alltagsverkehr, doch die Gebäude sind alles andere als alltäglich. Zur Rechten befand sich in 106 Hope Street zwischen zwei sehr schmalen Seitengassen die Zeitung **Daily Record** 2. Das Gebäude ist vorne rot in flämischer Neo-Renaissance gehalten und hinten funktional weiß – und dieser hintere Teil ist ein Frühwerk von Charles Rennie Mackintosh.

Ein architektonisches Highlight ist das Gebäudeensemble an der **Kreuzung Hope Street / St Vincent Street** 3: Hier kommt Glasgows wichtigster Baustoff der imperialen Blütezeit zu Beginn des 20. Jh. wunderbar zur Geltung. Roter

Sandstein aus dem südlich gelegenen Ayrshire und Dumfriesshire hatte den früher genutzten »blonden« Sandstein abgelöst. Mit diesem wunderbaren Baustoff entstanden einige der beeindruckendsten Gebäude, für die man den Kopf in den Nacken legen muss, um sie würdigen zu können.

An der Kreuzung stehen noch drei große Geschäftshäuser der vorletzten Jahrhundertwende: Sie sind sechs bis sieben Stockwerke hoch, haben z. T. reich verzierte Fassaden und schließen zur Straße oben mit verspielten Ecktürmen ab. An der südöstlichen Ecke steht rechts die ehemalige Liverpool & London & Globe Insurance, auf der linken Straßenseite die ehemalige Norwich Union Chambers (123 bzw. 125 St Vincent Street), an der nordwestlichen Ecke stehen die ehemaligen Royal Bank Chambers neben dem Hatrack

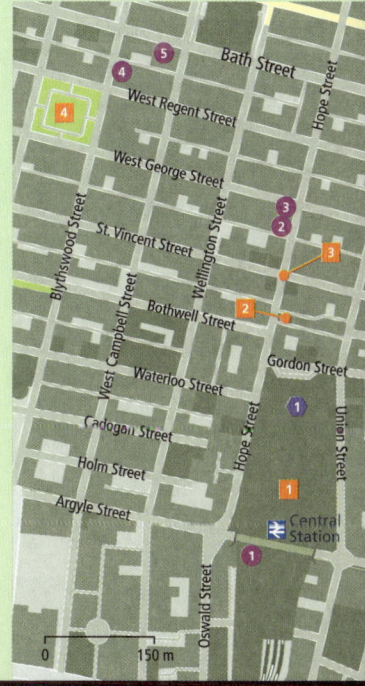

INFOS/ÖFFNUNGSZEITEN

Glasgow Central Tours ❶: Central Station, Gordon Street, www.glasgowcentraltours.co.uk, Mi–So 10–16 Uhr, ca. 75 Min., 13 £. Führungen beginnen am Mobility-Schalter in der Mitte des Concourse, Reservierungen nur im Netz. Paul Lyons ist unterhaltsam, sein schottischer Akzent allerdings nicht immer leicht zu verstehen.

KULINARISCHES FÜR ZWISCHENDRIN

Leckere Muscheln, Austern und Fischgerichte gibt es in schnörkelloser Atmosphäre im **Mussel Inn ❷** (▶ S. 95).

Klassisch italienisch geht es wenige Meter weiter im Traditionsrestaurant **Pulcinella ❸** (▶ S. 95) zu.

Gehobene Küche gibt es im **twofatladies ❹** (▶ S. 95) am Blythswood Square.

Guten Tee servieren die **Tea Rooms @ the butterfly and the pig ❺** (▶ S. 94).

Karte 2, C/D 2–5 | Busse Hope / Union Street

#6 Central Station

Ungewöhnlich und hipp: Der Streetfood-Markt unter den Gleisen der Central Station

Building (142/144 St Vincent Street). Von der funktionalen Einfachheit der in den 1920er-Jahren gebauten Banken (z. B. zur Rechten die Bank of Scotland, 110–120 St Vincent Street) ist hier noch nichts zu sehen.

Dezente Eleganz

Die Hope Street erstreckt sich mit einigen weiteren roten Sandsteingebäuden weiter nach Norden. Das gesamte Viertel ist genau wie schon die Merchant City völlig rechtwinklig angelegt. Eine Besonderheit sind die schmalen und dunklen »Lanes«, die auf halber Strecke die Blöcke durchschneiden. Sie dienen der Versorgung und Entsorgung, sind aber teilweise leider ziemlich heruntergekommen.

Ganz anders die West George Street, der wir nach Westen folgen. Der gründerzeitliche »rote« Glanz weicht hier der sanft-dezenten »blonden« Eleganz aus dem 19. Jh. Die Häuser sind kleiner, wirken nicht mehr großstädtisch.

Höhepunkt dieses Viertel ist der **Blythswood Square** 4, einem erstaunlich geschlossen erhaltenen Ensemble von 1825 im neoklassizistischen Stil. Hier fühlt man sich von der hektischen Geschäfts- und Bahnhofswelt meilenweit entfernt. Der Platz vermittelt einen sehr guten Eindruck, wie die Viertel der betuchten Glaswegians vor 200 Jahren ausgesehen haben. Der Kontrast zu den z. T. brutalistischen modernen Geschäftstürmen des International Financial Services District (IFSD), der sich weiter südlich Richtung Clyde erstreckt, ist enorm. Deshalb ist leicht nachvollziehbar, dass sich am Blythswood Square Glasgows bislang einziges Fünf-Sterne-Hotel angesiedelt hat.

ÜBRIGENS

Die Bögen (engl. Arches), auf denen die Central Station errichtet wurde, haben an der Argyle Street ein kulinarisches Eigenleben entwickelt. Freitags bis sonntags wartet der **Platform Independent Streetfood Market** 1 (▶ S. 96) mit einer Kaffeerösterei und mehreren Streetfood-Ständen auf. Die Stimmung in den ebenerdigen Gewölben ist sehr ungewöhnlich, bis vor einigen Jahren befand sich hier ein berühmter Szeneclub. Seit 2018 trifft sich die Szene nun für Burger, Falafel & Co.

Tee im Jugendstil –
Mackintosh an der Sauchiehall Street

7

Die »Weidenallee« zieht sich wie ein langes Band vom Nordende der Buchanan Street hinaus ins West End zum Kelvingrove Park. Im ersten Teil ist sie noch Fußgängerzone und berühmt für den bekanntesten Tea Room des Jugendstilarchitekten Charles Rennie Mackintosh und seiner Frau Margaret Macdonald: die Willow Tea Rooms. Hier verwirklichten beide bis in die kleinsten Details ein großartiges Gesamtkunstwerk.

2018 war ein sehr hartes Jahr für den ersten Abschnitt der Sauchiehall Street und für Liebhaber des Jugendstils. Mehrere Brände sorgten für schwere Zerstörungen, am schlimmsten traf

Alles in Blau – auch der Chinese Room im Teasalon an der Buchanan Street wurde von Mackintosh entworfen.

es die berühmte Glasgow School of Art (GSA) von Charles Rennie Mackintosh in der parallelen Renfrew Street (▶ Übrigens rechts). Aber Glasgow wäre nicht Glasgow, wenn man nicht mit aller Kraft an einem Neuanfang arbeiten würde.

Ein Juwel kommt zurück

Das hoffnungsvollste Signal kam dabei schon wenige Wochen nach dem Brand in der Kunstakademie durch die Wiedereröffnung der großartigen Willow Tea Rooms unter dem neuen Namen **Mackintosh at the Willow** ❶, zusammen mit einer hervorragenden Ausstellung. Diese präsentiert sehr ansprechend und ausführlich die Tea-Room-Kultur in Glasgow sowie die exquisite Arbeit von Mackintosh und seiner Frau. Durch den schmerzhaften Verlust der GSA sind die Tea Rooms im Stadtzentrum nun das wichtigste Jugendstil-Bauwerk des international bedeutenden Künstler-Ehepaars.

Tee bei Miss Cranston

Cranston und Mackintosh waren 1900 eine künstlerisch sehr bedeutsame Kooperation eingegangen, die dem Jugendstil in Glasgow zum

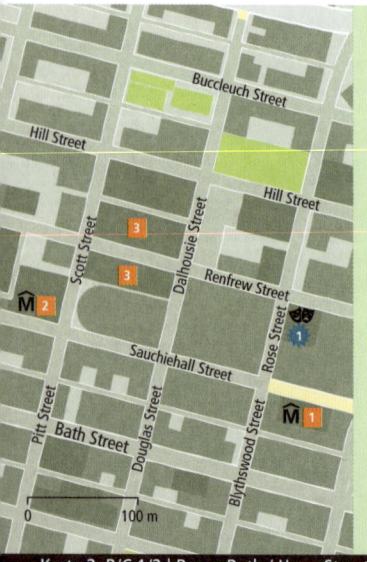

INFOS/ÖFFNUNGSZEITEN

Mackintosh at the Willow ❶: 217 Sauchiehall Street, T 0141 204 19 03, www.mackintoshatthewillow.com, tgl. 9–17 Uhr, Salon de Luxe: Afternoon Tea jeweils um 12 und 15 Uhr; Ausstellung 5,50, erm. 4,50/3,50 £; Hausführungen tgl. 9 und 10 Uhr, 7,50/5,50 £ (jeweils ab Shop)

Centre for Contemporary Arts ❷: 350 Sauchiehall Street, T 0141 352 49 00, www.cca-glasgow.com, Mo–Do 10–24, Fr/Sa 10–1, So 12–22 Uhr (Ausstellungen nur bis 18 bzw. 20 Uhr), Eintritt frei

KULINARISCHES FÜR ZWISCHENDRIN: Lassen Sie sich im Teehaus einfach mal verwöhnen.

Durchbruch verhalf und ihm zugleich eine ganz eigene Note verlieh.

Der Startpunkt hatte überhaupt nichts mit Jugendstil zu tun. Catherine (Kate) Cranston (1849–1934) war sogar auf sehr traditionelles viktorianisches Outfit bedacht. Doch in Konkurrenz zu ihrem Bruder Stuart baute sie ab 1878 ein kleines Imperium an Teehäusern auf, um damit zunächst Frauen die Möglichkeit zu geben, sich in »respektabler« Umgebung bei nicht-alkoholischen Getränken öffentlich zu treffen. Bald fanden aber auch Männer Gefallen an den Tea Rooms. Es sollte ein Gegengewicht zum heftigen Alkoholkonsum in den Kneipen der Stadt geschaffen werden – eine sehr viktorianische Vorgehensweise.

Cranston suchte für ihre Teehäuser nach einem eigenen Design als Markenzeichen – und fand schließlich den jungen aufstrebenden Mackintosh. Er verwandelte zusammen mit diversen äußerst formschönen Innendesigns seiner Frau die Tea Rooms in eine künstlerische Erlebniswelt. In den Willow Tea Rooms schufen die beiden von der Fassade bis zu den Durchgangstüren, den Stühlen, der Wanddekoration, den Lampen und sogar bis zum Besteck eine Komposition, die für jene Zeit extrem modern war und auch heute noch beeindruckt.

Märchenland eines Zauberers

Die 1903 eröffneten Willow Tea Rooms verteilen sich auf vier Ebenen: Unten befindet sich der große Saal, es folgt eine Mezzanin-Zwischenebene und im 1. Obergeschoss dann der grandiose Salon de Luxe sowie unter dem Dach das Billiardzimmer.

Mit seinen Wandspiegeln, den hohen und stilisierten Stuhllehnen und der komplett durchgestylten Tischdeko verrät sich insbesondere im einst allein Frauen vorbehaltenen Salon de Luxe der perfektionistische Anspruch des Künstlerpaares. Eine Besonderheit ist das märchenhafte Wandgesso über dem Kamin von Margaret Macdonald. Die deutsche Zeitschrift »Dekorative Kunst« sprach 1905 verzückt von einer »Symphonie von ruhigen, reinen Farben«, das Gesso sei das »Herz des Gebäudes«. Enthusiastisch wird auch Mackintosh als »Zauberer« gefeiert, der ein »Märchenland« erschaffen habe.

ÜBRIGENS

Die **Glasgow School of Art** 3 in der Renfrew Street soll trotz der verheerenden Brandkatastrophe vom 15. Juni 2018 wieder auferstehen. Eigentlich hatte man gerade erst die schweren Schäden eines Brandes im Jahr 2014 überwunden und die Wiedereröffnung wurde konkret. Doch nun muss man völlig neu anfangen – vor 2025 wird das Jugendstil-Meisterwerk von Mackintosh auf keinen Fall neu erbaut sein. Und über das Wie und auch die Frage, wer das Haus in Zukunft eigentlich führen soll, wird derzeit lebhaft diskutiert. Einen kleinen, aber nicht unwesentlichen Trost gibt es jedoch. Die gesamte Jugendstil-Inneneinrichtung, u. a. die großartige Bibliothek, war noch nicht wieder installiert, ist also weiterhin intakt eingelagert.

»Tosh« und Margaret verstanden sich in ihrem künstlerischen Schaffen nahezu blind und fanden in Kate Cranston eine passionierte Unterstützerin.

Niedergang und Neuanfang

Doch 1919 gab Kate Cranston ihr Teehaus-Geschäft auf und es begann ein langer Niedergang. Teehäuser waren nicht mehr so in und Mackintosh wurde nicht gewürdigt – eine fatale Kombination, die zum Verlust vieler Tea Rooms führte. 1927 schlossen auch die Willow Tea Rooms. Erst 1983 fand sich eine neue Betreiberin, Mackintosh kam langsam wieder zurück ins öffentliche Bewusstsein.

2016 folgte dann ein großer Schnitt: Die bisherige Teehaus-Betreiberin zog mit dem urheberrechtlich geschützten alten Namen (»The Willow Tea Rooms«) in ein neues Lokal an der Ecke Hope Street/Bath Street um. In dem ursprünglichen Gebäude an der Sauchiehall Street begann eine Stiftung in Zusammenarbeit mit der CRM Society (▶ S. 82) sowie dem Prince's Trust von Prince Charles unter dem neuen Label mit einer 10 Mio. £ teuren Renovierung. Allein 420 Möbelstücke wurden detailgetreu neu hergestellt.

Seit Mitte 2018 werden nun wieder Spezialtees, Scones, Sandwiches und Afternoon Tea serviert – allerdings auch Alkohol. Die liebevolle Restaurierung kann wirklich als gelungen betrachtet werden. Prince Charles ließ es sich übrigens nicht nehmen, zur offiziellen Eröffnung selbst vorbeizuschauen.

Der alte Name von Mackintoshs Meisterwerk prangt nun vor zwei ähnlichen Tea Rooms in der Innenstadt.

→ **UM DIE ECKE**

Etwas weiter entlang der Sauchiehall Street ist das anspruchsvolle **Centre for Contemporary Arts** 2 eine sehr wichtige Adresse für zeitgenössische Kunst-Ausstellungen, Musik, Film und Literatur. Auch das Centre war 2018 vom Brand der GSA durch eine vorübergehende Schließung betroffen.

Eine weitere wichtige Kulturadresse in dem Viertel ist das **Glasgow Film Theatre** ✳ in der Rose Street, das für anspruchsvolles Programmkino bekannt ist.

Vom Mietshaus zum Campanile – **ins West End**

Wie wohnte es sich vor 100 Jahren in einem Mietshaus? Diese Frage beantwortet eine originale Musterwohnung des National Trust. Wer dann über die Stadtautobahn hinweg nach Westen den herrschaftlichen Park Circus erreicht, kann sofort den Vergleich zum großbürgerlichen Leben im West End ziehen. Inklusive eines italienischen Campanile-Turms beeindruckt dieses Prachtviertel noch heute. Weiter nördlich führen die ansehnlichen Geschäfts- und Ausgehstraßen Woodlands Road und Great Western Road in den Westen.

Ab Mitte des 19. Jh. wuchs die Stadt rapide Richtung Westen. Dabei sicherten sich vor allem die Großbürger ansehnliche Filetstückchen. Auch für

Im West End ist die Kulturkirche Òran Mór ein markanter Bau.

die Mittelschicht und besser gestellte Arbeiter entstanden neue Wohnviertel mit großen Wohnblocks, den sog. Tenements. Der Bedarf war enorm. Allein von 1860 bis 1910 verdoppelte sich die Bevölkerung auf 1 Mio. Menschen.

Leider wurde Ende der 1960er-Jahre die Autobahn M8 mitten durch das Viertel gebaut und trennt seither das innenstadtnahe Garnethill vom West End.

INFOS/ÖFFNUNGSZEITEN

The Tenement House 1: 145 Buccleuch Street, T 0141 333 01 83, www.nts.org.uk, April–Juni, Sept./Okt. tgl. 13–17, Juli/Aug. Mo–Sa 11–17, So 13–17 Uhr (ab 2019 evtl. ganzjährig), Eintritt 7,50, erm. 5,50 £

Garnethill Synagogue 2: 129 Hill Street, www.garnethill.org.uk

Mitchell Library 5: North Street/ Berkeley Street, www.glasgowlife. org.uk/libraries, Mo–Do 9–20, Fr/Sa 9–17 Uhr

Central Gurdwara Singh Sabha 6: 138 Berkeley Street, www.central-gurd wara.com

KULINARISCHES FÜR ZWISCHENDRIN

Guten Kaffee, selbstgebackenes Brot und Kuchen sowie kleine Snacks zum Mittagessen gibt es in der Souterrain-Filiale des **Singl-end Cafe & Bakehouse** 1 (263 Renfrew Street, ▶ S. 92); mittags oft sehr voll.
Eine weitere gute Café-Adresse ist das studentische **Offshore** 2 (▶ S. 91) jenseits des Kelvin, während das **Stravaigin** 3 (▶ S. 96) schräg gegenüber für sehr gute Küche in lockerer Atmosphäre bekannt ist.

Cityplan D–F 1–3 | **U-Bahn** St George's Cross, **Bus** 6 Stow College

Zu Besuch bei Miss Toward

Glasgow kann sich glücklich schätzen, dass es gelungen ist, wenigstens eine stilechte Mietwohnung aus dem frühen 20. Jh. zu bewahren. Das **Tenement House**  in Garnethill führt in die Welt der Miss Agnes Toward (1886–1975). Sie zog 1911 zunächst mit ihrer Mutter in eine damals moderne Zwei-Zimmer-Küche-Bad-Wohnung im 1. OG eines roten Sandstein-Wohnblocks. Dort wohnte sie dann 54 Jahre lang.

Im Erdgeschoss führt eine kleine Ausstellung des National Trust for Scotland in die damalige Zeit und die Wohnsituation ein, bevor es in den ersten Stock hinaufgeht. Schon im Treppenhaus verweist das Schildchen »No fitting required« darauf, dass die Mutter von Agnes Toward als Schneiderin in der Wohnung arbeitete. Wer Geld beim Nähen der Kleidung sparen wollte, konnte auf die Anprobe verzichten. Miss Toward selbst war Stenotypistin.

In der Wohnung fällt dann sofort der Gasgeruch der Zimmerlampen auf. Die Einrichtung blieb durch glückliche Zufälle original wie eine echte Zeitkapsel erhalten. In der »Guten Stube« befindet sich ein Klavier, ein Bett ist in die Wand eingelassen. Auch in der Küche gibt es eine Bettnische hinter einem Vorhang. Hier war alles auf Platzsparen ausgerichtet. Normalerweise schliefen dort die Kinder oder Dienstmädchen, die Towards nahmen jedoch gelegentlich Untermieter auf, um Geld hinzuzuverdienen.

Moderner Luxus war hingegen das Bad. Damit gehörten Mutter und Tochter Toward schon zu den etwas besser gestellten Glaswegians, denn viele ärmere Großfamilien mussten sich oft ein sog. Single-end teilen, ein einziges Zimmer, das Küche und Schlafecke enthielt.

Jüdisches Leben

In dem erstaunlich hügeligen Viertel Garnethill lohnt ein kurzer Abstecher in die parallele Hill Street, wo die **Garnethill Synagogue**  eines der wenigen gut sichtbaren Zeugnisse jüdischen Lebens in Schottland ist. Die sehr schöne Synagoge wurde 1879 im maurisch-byzantinischen Stil erbaut und war damals die erste ihrer Art in Schottland. Für Besucher steht sie allerdings nur selten offen. Im frühen 20. Jh. verlagerte sich das jüdische Leben in den südlichen Vorort Gorbals,

Ü ÜBRIGENS

Der Architekt des Park Circus hatte die großartige und weitsichtige Idee, gleich einen ganzen Park an sein neues Wohnviertel anzuschließen. Der heutige **Kelvingrove Park** wurde von Sir Joseph Paxton ausgeführt und ist zum wichtigsten Naherholungsgebiet im West End geworden. Machen Sie es wie die Studis und Anwohner, sobald die Sonne rauskommt: Legen Sie eine Pause in der Grünanlage ein. Von hier ist es nur ein Katzensprung zur Kelvingrove Art Gallery (▶ S. 54) sowie zur Uni (▶ S. 56).

Die Eichhörnchen im Park sind recht frech und keinesfalls schüchtern.

Der Campanile des ehemaligen Free Church College, später auch Trinity College genannt.

der jedoch im Zuge der Stadtsanierung Mitte des 20. Jh. vollständig abgerissen wurde.

Glasgows Nobeladresse

Auch die Wohlhabenden der Stadt zog es immer weiter nach Westen, um dem Smog und dem Lärm zu entfliehen. In den 1850er-Jahren beauftragte man Charles Wilson, auf einem Hügel oberhalb des Flüsschens Kelvin ein neues Viertel anzulegen, den Park District. Der Architekt entschied sich für ein kreisförmiges Design, das sich stark an die New Town in Edinburgh anlehnte. Was die Hauptstädter konnten, sollte Glasgow nur recht sein.

Augenfälligstes Gebäude ist das 1856 errichtete Free Church College. Der steil aufragende **Campanile** 3 ist das Wahrzeichen der feschen Siedlung. Zu jener Zeit war man italienisch-griechisch-spanischen Bauformen sehr zugetan.

Wie schön der zentrale Park Circus ist, haben u. a. das **Goethe Institut** 4 und das französische Kulturinstitut **Alliance Française** entdeckt, die sich gut nachbarschaftlich ein Haus teilen. Auch eine sehr stattliche Jugendherberge findet sich in dem Viertel (▸ S. 87). Zu Füßen des Park District schließt sich der schöne **Kelvingrove Park** an (▸ S. 51).

→ **UM DIE ECKE**

Ein echtes bauliches Glanzstück direkt an der Autobahn ist die palastartige **Mitchell Library** 5, die 1911 errichtet wurde und mit mehr als 1,2 Mio. Büchern zu den größten öffentlichen Bibliotheken Europas zählt. Hier kann man übrigens auch kostenlos ins Internet gehen. Etwas weiter westlich öffnete 2016 die **Central Gurdwara Singh Sabha** 6, der größte Sikh-Tempel Schottlands für 1500 Gläubige und angeblich sogar das größte Gotteshaus des Landes insgesamt. Die goldene Kuppel ist von vielen Stellen im Viertel zu sehen.

Auf der nördlichen Seite des Park Circus ist das Viertel zwischen **Woodlands Road** 7 und **Great Western Road** 8 ein sehr gutes Beispiel für eine stattliche Tenement-Siedlung. Die beiden Straßen sind in Uninähe auch für ihre Cafés, Restaurants, kleinen Fachgeschäfte und ihr lebendiges Studentenleben bekannt.

Mediterraner Kunstpalast – **die Kelvingrove Art Gallery & Museum**

Der Museumspalast von Kelvingrove 1 ist eine echte Augenweide: Die verspielte Mischung aus italienischem Palazzo und spanischen Türmen sorgt für einen imposanten Eindruck. Und die exquisite städtische Kunstsammlung hält ebenfalls allen Ansprüchen stand. Der Bogen reicht von ägyptischen Mumien bis zu Monet, Dalí und Mackintosh – und das alles bei freiem Eintritt. Drumherum gibt es eine sehr gute Gastroszene. ▼

Wahrscheinlich werden Sie erstmal vor dem Gebäude stehen und sich fragen, ob dies wirklich ein städtisches Museum ist – doch ja, dieser prächtige Palazzo ist ein museales Glanzlicht für ganz Schottland mit einer Sammlung von europäischem Rang. Die Architekten John Simson und Milner Allen konnten sich bis zur Eröffnung 1901 mehr oder weniger frei austoben – und 1,3 Mio. Besucher bewundern jedes Jahr den Prunkbau und die Kunstwerke.

Ragt an der Kelvin Bridge imposant auf: die Kelvingrove Art Gallery & Museum.

Fulminante Kulturreise

Schon die zentrale Halle beeindruckt durch ihre Ausmaße. Die Orgel erklingt jeden Tag um 13 Uhr (So 15 Uhr) zu einem kostenlosen Orgelkonzert. Rechts und links gruppieren sich dann die Ausstellungen jeweils rund um einen Innenhof. Im West Court hängt gar ein ganzes Spitfire-Flugzeug von der Decke. In den Galerien wird den ersten Bewohnern Schottlands nachgespürt, es geht durch die Stadtgeschichte, aber auch weit in die Vergangenzeit zurück zu den Dinosauriern oder in das alte Ägypten. Nicht fehlen darf ein Blick auf die Kulturen anderer Kontinente – die Bandbreite ist enorm.

Auch King Elvis ist vom Kelvingrove sichtlich begeistert.

Glasgow Boys

Neben dem East Court widmet sich eine Abteilung den Glasgow Boys, einer Künstlergruppe, die in den 1880er-Jahren die Malerei in Schottland ganz im europäischen Trend revolutionierte – weg von der »akademischen« Malerei hin zu mehr lebensnahen Motiven. Ein bedeutendes Werk auf dem Weg dorthin war »Eine Beerdigung in den Highlands« (1881/82) von James Guthrie. Bekannte Maler der losen Gruppe waren auch Edward A. Hornel, George Henry

INFOS/ÖFFNUNGSZEITEN
Kelvingrove Art Gallery & Museum
1: Argyle Street, T 0141 276 85 99,

www.glasgowlife.org.uk/museums, Mo–Do, Sa 10–17, Fr/So 11–17 Uhr, tgl. kostenlose Führungen 11, 14.30 Uhr, Eintritt frei

Kelvin Hall 2: 1445 Argyle Street, T 0141 276 14 50, www.kelvinhall.org.uk

KULINARISCHES FÜR ZWISCHENDRIN
Feine und innovative indische Tapas-Küche mit einem grandiosen Blick auf das gegenüberliegende Museum bietet das **Mother India's Café 1** (▸ S. 96).

Um die Ecke serviert das **Elena's 2** (▸ S. 97) gute spanische Tapas.

Weitere Adressen an der Argyle und Sauchiehall Street ▸ Adressteil S. 96f.

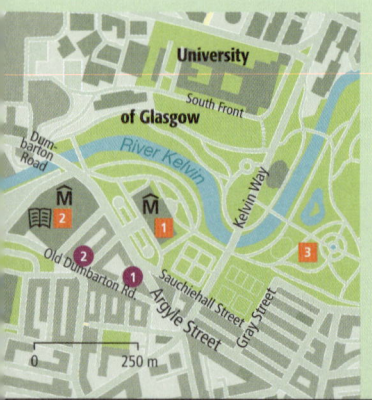

Cityplan C/D 2 | **Bus** 2, 3, 77 Argyle Street – Kelvingrove Art Galleries

und John Lavery, von denen ebenfalls Werke zu sehen sind.

Ein Stockwerk höher sind auch Werke der Scottish Colourists zu sehen, die in der ersten Hälfte des 20. Jh. die Malerei erneut modernisierten. Maler wie Samuel J. Peploe (»Abend in North Berwick«, 1903) oder Francis C. B. Cadell (»Eine Dame in Schwarz«, ca. 1925) sind auch heute noch sehr gefragt.

Jugendstil à la Mackintosh

Eine ganze Abteilung widmet sich dem Jugendstil von Charles Rennie Mackintosh und seiner Frau. Willkommen im filigranen blauen Chinese Room und im grauen Ladies Luncheon Room aus dem leider abgerissenen Teehaus an der Ingram Street.

Ein künstlerischer Leckerbissen ist an der Wand das wunderbare Gesso »The May Queen« (1900) von Margaret Macdonald. Es zeigt die Frau von Mackintosh auf der Höhe ihrer Schaffenskunst. Ihr einstiges Wohnhaus findet sich im Univiertel (▶ S. 56).

Internationale Klassiker

Im Obergeschoss können Sie dann auf eine spannende Reise durch die französische, spanische und niederländische Kunst gehen. Glasgow verfügt über eine ansehnliche Sammlung mit repräsentativen Werken von Monet (»Vétheuil«, 1880), Renoir, Gauguin, van Gogh, Picasso und Matisse. Von Salvador Dalí ist das berühmte Werk »Christus vom Hl. Johannes vom Kreuz« (1951) zu bewundern, während die niederländische Galerie u. a. Jan Breughel d. Älteren präsentiert.

Im Untergeschoss gibt es regelmäßig hochkarätige (und kostenpflichtige) Sonderschauen.

ÜBRIGENS

Der **Bau des Museums** wurde größtenteils mit den Gewinnen aus der Internationalen Ausstellung 1888 finanziert – bemerkenswert, dass man damals anscheinend noch so kalkulieren konnte, dass es am Ende gleich noch für einen ganzen Museumspalast reichte!

→ **UM DIE ECKE**

Schräg gegenüber vom Museum ist in der **Kelvin Hall** `2` u. a. eine Zweigstelle der Nationalbibliothek mit dem Moving Image Archive untergebracht. Auch Museumsbestände, eine Zirkusschule, Uni-Seminarräume sowie ein Fitnessstudio sind in dem 1926/27 errichteten Gebäude zu finden. Zur Erholung lädt der **Kelvingrove Park** `3` (▶ S. 51) ein.

Das Univiertel –
Hillhead und die Byres Road

Glasgow ist eine junge Stadt, dazu tragen die Universitäten erheblich bei. Im West End überragt das neogotische Hauptgebäude der Glasgow University den Kelvingrove Park. Sehenswert sind auch die zwei universitären Museen mit dem integrierten ehemaligen Jugendstil-Wohnhaus von Charles Rennie Mackintosh und seiner Frau. Tagsüber wie abends ist in den uninahen Cafés, Bistros und Kneipen rund um die Szenestraße Byres Road viel los. Entspannend ist ein Besuch des Botanischen Gartens.

Ja, auch Glasgow hat bei Sonnenschein seine »mediterranen« Ecken.

Hoch über dem Flüsschen Kelvin wirkt das mächtige Unigebäude auf dem Gilmorehill so, als handele es sich in der Tat um ein Bauwerk aus der mittelalterlichen Gründungszeit nach 1451. Doch in Wirklichkeit entstand der mächtige Universitätspalast erst 1870 im neogotischen Stil. Mit seinem weithin sichtbaren Glockenturm ergänzt die Uni hervorragend das mediterran wirkende Turmensemble rund um den Kelvingrove Park.

Heute bringen die mehr als 28 000 Studierenden viel pulsierendes Leben in das gesamte Univiertel Hillhead.

Schottlands zweitälteste Uni

Mitte des 19. Jh. suchte die **University of Glasgow** 1 eine neue repräsentative Adresse und fand sie draußen im West End. Das zentrale, nach dem Architekten benannte, Gilbert Scott Building sollte mit seinen beeindruckenden Ausmaßen den Status als Second City of the Empire unterstreichen. Tatsächlich handelt es sich nach dem Parlament von Westminster um das zweitgrößte neogotische Gebäude Großbritanniens.

Studienabschlüsse werden gerne unter dem »mittelalterlichen« Gewölbe gefeiert.

Großartig sind die beiden Innenhöfe, die durch einen mittelalterlich aussehenden Gewölbe-»Kreuzgang« (engl. cloisters) miteinander verbunden sind. Hier soll u. a. Albert Einstein eine Raucherpause eingelegt haben, als ihm 1933 die Ehrendoktorwürde verliehen wurde. Heute ist das Rauchen natürlich untersagt ...

Über dem Gewölbe thront die grandiose Bute Hall, der prächtigste Festsaal der Uni, der leider oftmals verschlossen ist. Der Saal wurde nach dem 3. Marquis von Bute benannt, einem der reichsten Männer Schottlands Ende des 19. Jh. Sein Landsitz Mount Stuart auf Bute ist ein beliebtes Ausflugsziel (▶ S. 85).

Ebenfalls neogotisch ist die interkonfessionelle Kapelle an der Westseite mit wunderbar geschnitztem Chorgestühl. Dort befinden sich an dem Platz auch die einstigen Professoren-Häuser sowie die noch aktive Residenz des Uni-Principals.

Neben der Kapelle befindet sich übrigens ein letztes Relikt der Vorgänger-Uni an der High Street, die 1690 erschaffene »Löwe-und-Einhorn-Treppe«, welche die dynastische Verbindung zwischen schottischem und englischem Thron symbolisiert. Das Einhorn ist das schottische Wappentier.

Ein nimmermüder Sammler

Im Hauptgebäude der Uni ist das älteste öffentliche Museum der britischen Inseln untergebracht,

ÜBRIGENS

Zu den bekanntesten Lehrkräften der Uni zählte **Lord Kelvin** (1824–1907), der u. a. die Kelvin-Temperaturskala einführte. Im 18. Jh. unterrichtete auch **Adam Smith** (1723–90) in Glasgow, der mit seinem Werk »Der Wohlstand der Nationen« zum Begründer der Nationalökonomie wurde. Bekannte Absolventen sind u. a. die heutige schottische Regierungschefin **Nicola Sturgeon** von der SNP sowie ihr erster Vorgänger **Donald Dewar** (Labour).

das 1807 gegründete **Hunterian Museum** 2, das aus der Sammlung von William Hunter hervorging. Über ein wunderbares Treppenhaus geht es hinauf in den hohen Museumssaal, wo alles von Archäo-

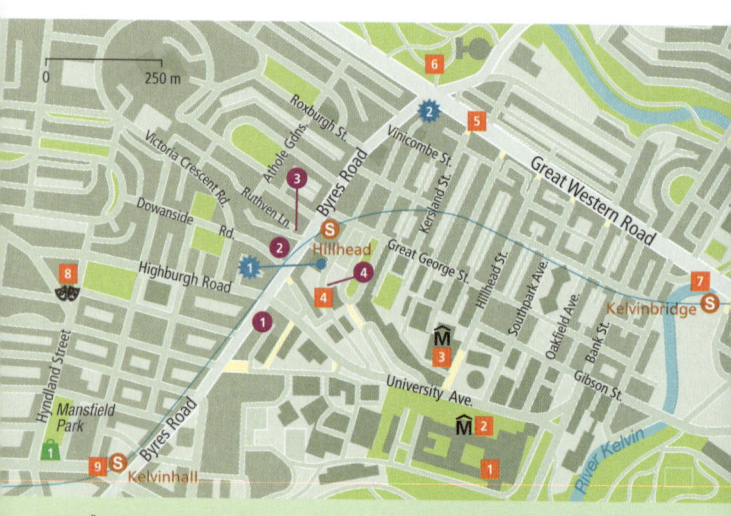

INFOS/ÖFFNUNGSZEITEN

University of Glasgow 1: University Avenue, www.gla.ac.uk. Historische Uniführungen ab Uni-Souvenirladen im Hauptgebäude, April–Sept. Di–So 11 u. 14 Uhr, sonst nur 14 Uhr, 10, erm. 8/5 £

Hunterian Museum 2: University Avenue (Hauptgebäude), T 0141 330 42 21, www.gla.ac.uk/hunterian, Di–Sa 10–17, So 11–18 Uhr, Eintritt frei

Hunterian Art Gallery / Mackintosh House 3: 82 Hillhead Street, T 0141 330 42 21, www.gla.ac.uk/hunterian, Di–Sa 10–17, So 11–16 Uhr, Gallery: Eintritt frei, Mackintosh House: 6, erm. 3 £

Glasgow Botanic Gardens 6: 730 Great Western Road, T 0141 276 16 14, www.glasgowbotanicgardens.com, Park: tgl. 7 Uhr bis Sonnenuntergang, Glasshouses: Sommer tgl. 10–18, Winter 10–16.15 Uhr, Eintritt frei

Cottiers Theatre 8: 93 Hyndland Street, https://cottiers.com, ▶ S. 106

KULINARISCHES FÜR ZWISCHENDRIN

Die Byres Road hält viele Angebote bereit: Eines der stimmungsvollsten Bäckerei-Cafés Glasgows ist das **Kember & Jones** 1 (▶ S. 91) mit leckeren Scones, Kuchen, Salaten und Sandwiches sowie Feinkostladen. Traditionelles italienisches Eis und starken Kaffee gibt es bei **Nardini's** 2 (215 Byres Road, www.nardinis.co.uk, Mo–Sa 8–22, So 11–22 Uhr). Vietnam in Glasgow? Für etwas studentisch angehauchte Exotik ist der **Hanoi Bike Shop** 3 (▶ S. 97) eine gute Adresse. Indische Küche gibt es in der Ashton Lane im **Wee Curry Shop** 4 (29 Ashton Lane, T 0141 357 52 80, www.weecurryshopglasgow.co.uk, Mo–Do 12–14.30, 17–22.30, Fr/Sa 12–23, So 13–22.30 Uhr, Hauptgerichte 7,50–14 £).

Cityplan C–E 1/2 | **Bus** 4/4A University Library

logie, Fossilien, Musikinstrumenten, anatomischen Exponaten bis zu einem Plesiosaurier-Skelett zu sehen ist. Auch römische Grabsteine aus der Besatzungszeit in Schottland sind hier ausgestellt.

Malerei und Jugendstil

Auf der anderen Straßenseite beherbergt die ebenfalls Uni-eigene **Hunterian Art Gallery** `3` zum einen Werke der Scottish Colourists, aber auch von so unterschiedlichen Künstlern wie Rembrandt und Beuys. Noch spannender ist jedoch das integrierte **Mackintosh House**, in dem Charles Rennie und seine Frau Margaret 1906–14 ganz in der Nähe gelebt hatten. Das eigentliche Haus wurde abgerissen, die großartige Jugendstileinrichtung aber bewahrt und hier in mühsamer Kleinarbeit wieder zu einer Wohnung zusammengetragen. Die jeweils in Weiß gehaltenen Wohn- und Schlafzimmer zeigen, dass sich das Künstlerpaar auch zum Wohnen ein Gesamtkunstwerk schuf.

Durch das Univiertel

Nun aber ins pralle Leben der Byres Road im Herzen von Hillhead. Hier treffen sich Studis und Anwohner auf einen Kaffee, ein Eis, ein Lunch-Häppchen, ein stilvolles Abendessen oder einfach nur ein Bierchen. Hillhead ist sehr lebendig, bunt und vielseitig, aber auch wohltuend unaufdringlich. Eine wichtige Anlaufstelle zum Ausgehen ist die kleine **Ashton Lane** `4` mit Restaurants, Kneipen und dem Programmkino **Grosvenor** ✦ (► S. 109). In dem Viertel finden sich kleine Geschäfte in den Hinterhöfen.

Kirchenkultur versus Botanik

Die Byres Road endet im Norden an der **Great Western Road** `5`. Zur Rechten befindet sich die Kulturkirche **Òran Mór** ✦ (► S. 105) mit dem kultigen Mittagsangebot »A play, a pie and a pint«.

Schräg gegenüber sind die **Glasgow Botanic Gardens** `6` eine herrliche Grünoase mitten in der Stadt. Im Zentrum steht das gläserne Treibhaus Kibble Palace von 1873, daneben gibt es weitere gläserne Treibhäuser – genießen Sie einfach den Rundgang durch den Park und die Blütenpracht.

Die Great Western Road ist in diesem Abschnitt von sehr stattlichen, langen Reihenhäu-

Ü
ÜBRIGENS

In der **Bute Hall** der Uni finden alljährlich auch die Graduierungszeremonien statt. Studierende und Professoren werfen sich traditionsgemäß in Talare und tragen Hüte. Am Ende führt der Principal der Uni mit einem Dudelsackspieler an der Spitze eine feierliche Prozession hinab in den Innenhof – für die Studierenden am Ende des Studiums ein großer Tag zum Feiern.

Vor allem abends und nachts ist auf der Ashton Lane viel los.

Prächtige Botanische Gärten gehörten in eine viktorianische Stadtlandschaft des 19. Jh.

sern aus der Mitte des 19. Jh., sog. terraces, gesäumt. Die heute sehr stark befahrene Ausfallstraße war als Nobeladresse angelegt worden. Vom Botanischen Garten bis zur **U-Bahn-Station Kelvinbridge** 7 an der gleichnamigen Brücke über den Fluss ziehen sich heute zahlreiche einladende Cafés, kleine Fachgeschäfte, Guest Houses und auch Kneipen. Da lohnt sich ein Bummel zum Abschluss.

→ UM DIE ECKE

Sehr schön sind auch die Wohnviertel westlich der Byres Road mit ihren adretten Mietshäusern der vorletzten Jahrhundertwende. Die Highburgh Road führt z. B. direkt nach Westen zu einem besonderen Bauwerk: Die ehemalige **Dowanhill Church** (1865) ist ein Gemeinschaftswerk von William Leiper und Daniel Cottier. Von außen ist sie neogotisch, und Cottier verzierte die Kirche sowie das angrenzende Pfarrhaus sehr kunstvoll. Heute dient sie als **Cottiers Theatre** 8, das Pfarrhaus ist oben ein sehr stilvolles Restaurant und unten die schöne **Cottiers Bar**.

Die Hyndland Street führt südlich zur Dumbarton Road, wo am Mansfield Square an jedem 2. und 4. Sa im Monat der nette kleine **Partick Farmers' Market** 🛈 stattfindet. Der einstige Arbeitervorort Partick befindet sich in einem radikalen Wandel, wie man südlich der Dumbarton Road an den Neubauten schnell sieht. Über die **U-Bahn-Station Kelvinhall** 9 gelangt man wieder zurück.

Strukturwandel im ehemaligen Hafen – am Ufer des Clyde

11

Hier sollen sich der wichtigste Hafen Schottlands und die bedeutendsten Werften des Empires befunden haben? Wer heute am SEC Armadillo den stillen Fluss Clyde beschaut, findet davon praktisch keine Spur mehr. Wo sich einst die Hafenbecken erstreckten, entstanden ein Messezentrum, zwei Eventhallen, das Hauptquartier der schottischen BBC, Hotels, aber auch das spannende Verkehrsmuseum, eine neue Whisky-Destille und eine erstaunlich dünne Turmnadel mit Aussichtsplattform. Nirgends ist der Strukturwandel greifbarer als am Clyde.

Die Stadt hat sich viel vorgenommen. Mit einem auf 25 Jahre ausgelegten Masterplan und einem

Besuchermagnete am Clyde: Der Dreimaster Glenlee ankert vor dem Riverside Museum.

Ü
ÜBRIGENS

Der letzte seetaugliche
Schaufelraddampfer
der Welt, die 1947 vom
Stapel gelaufene Wa-
verley, geht regelmäßig
»doon the watter«
auf **Ausflugstouren**.
Traditionell sind dabei
die Fahrten nach Dunoon
oder zur Isle of Bute,
die nach dem Zweiten
Weltkrieg bei den
Arbeitern in Glasgow für
Wochenendausflüge sehr
beliebt waren. Die Fahr-
ten waren erschwinglich
und die Ziele nicht zu
weit entfernt (▶ auch
S. 85). Obwohl der
eigentliche Liegeplatz
der Waverley Glasgow
ist, steuert das Schiff
sogar Ziele in England an
und ist deshalb fast die
gesamte Saison auf Tour
(Fahrpläne und Infos:
www.waverley
excursions.co.uk).
Mit Gummi-Schnellboo-
ten erkundet Seaforce ab
Riverside Museum den
heute ziemlich stillen
Clyde (Infos: www.
seaforce.co.uk, 10, erm.
5 £).

Investitionsvolumen von bis zu 7 Mrd. Euro startete Glasgow in das neue Jahrtausend, um die
einstige Hafenlandschaft am Clyde völlig umzu-
gestalten. Mittlerweile lassen sich die Resulta-
te sehr gut beobachten. Die noch unbebauten
Brachflächen einstiger Werften und Docks werden rapide kleiner.

Eine Stadt will zum Meer

Angefangen hat Glasgows maritime Geschichte
ganz bescheiden, denn der Clyde war hier einst
ein sehr flaches Gewässer. Deshalb hatte der
Stadtrat 1667 zunächst beschlossen, flussab-
wärts mit Port Glasgow einen eigenen Seehafen
zu gründen. Dort wurde z. B. 1813 der weltweit
erste kommerzielle Dampfer gebaut, die Comet.

Doch die einflussreichen Kaufleute hatten ehr-
geizigere Pläne. Sie wollten von ihren Plantagen
in Übersee direkt vor die Haustür beliefert werden. Glasgow konnte z. B. von den Teeklippern
bis zu zwei Wochen vor London erreicht werden,
ein nicht unwesentlicher Vorteil. Also veranlass-
ten die Handelsbarone in den 1770er-Jahren das
Ausbaggern und die Kanalisierung des Flusses.
Ihr wichtigster Anlegepunkt wurde der heutige
Broomielaw 1 direkt am Stadtzentrum.

Im 19. Jh. und 20. Jh. wanderten die Häfen
dann nach Westen. Der 1931 erbaute massive
Finnieston Crane 2 ist ein letztes Zeugnis jener
Tage. Bis zu 150 t Gewicht konnte der Kran he-
ben. Zwei Rotunden auf beiden Seiten des Flusses markieren die Zugänge zu einem heute ver-
schlossenen Fußgängertunnel.

Enorm wichtig wurden die Werften: In Glasgow liefen vor dem Ersten Weltkrieg 20 % aller
Schiffe weltweit vom Stapel – der Clyde unter-
mauerte so den globalen Anspruch des britischen
Empire.

Niedergang und Neuanfang

Nach dem Zweiten Weltkrieg begann jedoch der
Niedergang, das Empire löste sich auf, der Clyde
war nicht mehr tief genug, Werften schlossen,
das Queen's Dock wurde verfüllt, die Arbeitslosigkeit stieg dramatisch.

In dieser Situation begann die Stadt nach
neuen Nutzungskonzepten zu suchen. Ein erster
wichtiger Schritt war 1985 die Eröffnung eines

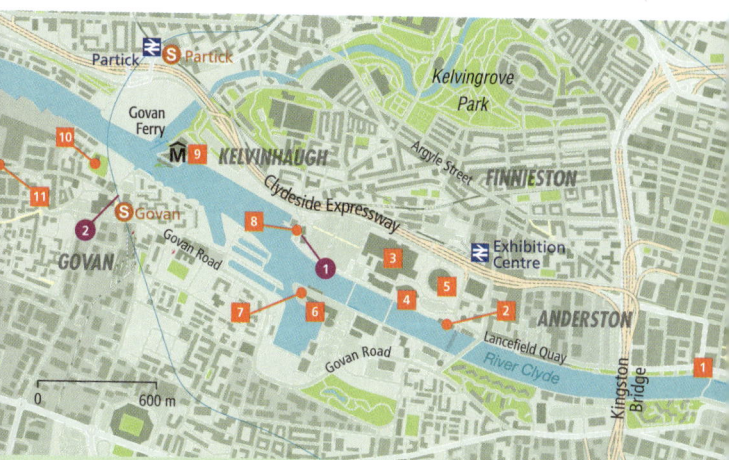

INFOS/ÖFFNUNGSZEITEN

Scottish Event Campus (SEC) 3 : Exhibition Way / Congress Road, www.sec.co.uk

Glasgow Tower 7 : 50 Pacific Quay, T 0141 420 50 00, www.glasgowsciencecentre.org, April–Okt. tgl. 10.30–16.30 Uhr (wetterabhängig), Eintritt 6,50 £

The Clydeside Distillery 8 : 100 Stobcross Road, T 0141 212 14 01, www.theclydeside.com, Sept.–Juni tgl. 10–16, Juli–Aug. 10–16.30 Uhr, Führungen 15, erm. 13/5 £, mit Shop und Café

Riverside Museum / Tall Ship 9 : 100 Pointhouse Place, T 0141 287 27 20, www.glasgowlife.org.uk/museums, Mo–Do, Sa 10–17, Fr/So 11–17 Uhr, Eintritt frei

Govan Old Church 10 : 866 Govan Road, T 0141 440 24 66, www.govanstones.org.uk, April–Okt. tgl. 13–16 Uhr, Eintritt frei

Fairfield Heritage 11 : 1048 Govan Road, T 0141 445 58 66, www.fairfieldgovan.org.uk, Mo–Fr 13–16 Uhr, im Sommer auch Sa, Eintritt frei

Govan Ferry: zwischen Riverside Museum und Water Row (Govan), www.getintogovan.com, Ende Juni–Mitte Sept. Mo–Fr 8–18, Sa/So 10–17.30 Uhr, Fahrten nach Bedarf, Passage kostenlos (Spende erbeten)

KULINARISCHES FÜR ZWISCHENDRIN

Ein sehr nettes Café-Bistro ist das **Clydeside Café** 1 in der gleichnamigen **Distillery** 8 . Hier gibt es leckere schottische Speisen sowie die Möglichkeit, Whisky zu probieren (tgl. 10–17 Uhr).

Im **Riverside Museum** 9 gibt es auch ein Café, gegenüber in Govan ist zwischen U-Bahn-Station und Fährzugang das **Café 13** 2 (794 Govan Road, T 0141 440 20 06, Mo–Fr 9–18, Sa 9–17 Uhr) hinter der Glasfront eine nette Anlaufstation.

![Postmoderne Skyline mit dem »Gürteltier« und dem SSE Hydro]

Postmoderne Skyline mit dem »Gürteltier« und dem SSE Hydro

Konferenz- und Veranstaltungszentrums auf dem Gelände der einstigen Queen's Docks, der heutige **Scottish Event Campus (SEC)** 3. Zusammen mit dem wie ein Gürteltier aussehenden **SEC Armadillo** 4 (Norman Foster, 1997) und dem 2013 eingeweihten **SSE Hydro** 5 (Foster & Partners), mit 13 000 Zuschauern die größte Indoor-Arena Schottlands, ist das Ensemble für Großevents aller Art bestens geeignet.

Rundfunk und ein Turm

Am südlichen Ufer, dem Pacific Quay, siedelten sich alsbald die Fernsehsender STV und BBC Scotland an, mehrere Brücken, Fuß- und Radwege sorgen für Anbindung. Besonders ins Auge fällt neben dem **Glasgow Science Centre** 6 (▶ S. 79) die 127 m hohe Turmnadel des **Glasgow Tower** 7. Sie dreht sich mit dem Wind und ein Aufzug fährt bis zur Plattform (nur drinnen) in 100 m Höhe hinauf – der Ausblick ist fantastisch.

Whisky und alte Fahrzeuge

Am Nordufer schreitet die Umgestaltung rapide voran. 2017 öffnete im ehemaligen Pumpenhaus der Schleuse für die Queen's Docks eine neue

Seit 2017 wird am Clyde wieder Whisky hergestellt.

Whiskybrennerei. **The Clydeside Distillery (TCD)** [8] bringt die Whiskyproduktion zurück an den Clyde und bietet neben einer informativen Ausstellung auch mehrsprachige Führungen. Bis jedoch der erste Single Malt zu genießen ist, dauert es noch ein wenig, weil ein solcher laut Gesetz zunächst mindestens drei Jahre und einen Tag lagern muss. Vom großen Fenster sieht man übrigens manchmal sogar einen Seehund.

Weiter westlich entwarf die Stararchitektin Zaha Hadid 2011 an der Mündung des Kelvin das allseits gelobte **Riverside Museum** [9], mit 1,4 Mio. Besuchern jährlich die beliebteste Attraktion Glasgows. Ausgestellt sind doppelstöckige Straßenbahnen, Dampfloks, Oldtimer, Motorräder, Fahrräder und Schiffsmodelle. Sogar ein ganzer Straßenzug wurde nachgebaut, um das städtische Leben zu Beginn des 20. Jh. nachzuzeichnen.

Vor dem Riverside Museum ankert der stolze Dreimaster Glenlee. Das 1896 erbaute **Tall Ship** ist eines der letzten noch erhaltenen Segelschiffe, die am Clyde gebaut wurden. Das Schiff diente schon als Schulschiff der spanischen Marine.

ÜBRIGENS

Die Werften am Clyde waren als **Red Clydeside** eine der wichtigsten Zentren der Arbeiterbewegung in Schottland. Bis zu 100 000 Menschen arbeiteten hier. Sie hatten z. B. großen Einfluss auf die Entstehung der Labour Party.

Inmitten der Werftenkrise ab den 1960er-Jahren sticht eine berühmte Aktion hervor: Als wieder eine Schließung drohte, besetzten die Arbeiter 1971 unter Führung des charismatischen Jimmy Reid mit einem Work-In kurzerhand die Werft und arbeiteten auf eigene Rechnung weiter. Die Regierung war komplett überrumpelt und gab schließlich nach. Die Fairfield-Werft arbeitet heute noch, die meisten anderen Werften sind verschwunden.

→ **UM DIE ECKE**

Auf der gegenüberliegenden Flussseite bietet die alte Werftstadt Govan zwei weitere sehr lohnenswerte Attraktionen: In der **Govan Old Church** [10] sind mehrere äußerst ungewöhnliche, buckelmäßig geformte Wikinger-Grabsteine aus dem 10./11. Jh. zu sehen, sog. hogbacks. Auch mehrere keltische Symbolsteine, darunter der Sun Stone, stammen aus einer Zeit, als Govan wesentlich bedeutender war als Glasgow – ein verstecktes Highlight.

In die Welt des Schiffsbaus und der Arbeiterbewegung führt 300 m weiter die interessante Ausstellung **Fairfield Heritage** [11]. Das umgebaute Verwaltungsgebäude einer der letzten aktiven Werften präsentiert kurzweilig die Geschichte der traditionsreichen Werft.

Vom Riverside Museum verkehrt im Sommer jeden Tag zwischen 10 und 18 Uhr für Fußgänger und Radfahrer die kostenlose Govan Ferry. Ansonsten fährt die U-Bahn von Partick hinüber nach Govan.

Großbritanniens erste Gartenstadt – **Pollokshields**

Mitte des 19. Jh. wuchs der Bedarf nach Wohnraum jenseits von Smog und Lärm enorm. Großgrundbesitzer Sir John Maxwell gab deshalb südlich des Clydes 1849 Land frei für den Bau einer Musterstadt im Grünen. Adrette Miethäuser und schicke Villen machen Pollokshields noch bis heute zu einer beliebten Wohnadresse. Bei einem Rundgang kommen Sie an vielen denkmalgeschützten Häusern vorbei.

Nach Plänen von Mackintosh nachgebaut: Das House for an Art Lover.

Übervölkerung in slumartigen Siedlungen führte zu immer neuen Epidemien – die Wohnverhältnisse in Glasgow Mitte des 19. Jh. waren katastrophal. Also wandelte Sir John Maxwell, Besitzer des Pollok House (▶ S. 69), Teile seines Besitzes in Bauland um. So entstanden bis 1910 zwei sehr unterschiedliche Stadtviertel: Während Pollokshields East von Mietshäusern dominiert wird, ist Pollokshields West ein sehr grünes Villenviertel, die erste geplante Gartenstadt Großbritanniens.

Exklusives Villenviertel

Vom **Bahnhof Dumbreck** **1** führt die Nithsdale Road zur schönsten Straße des Viertels, der Sherbrooke Avenue. Gleich an der Ecke thront etwas erhöht das mächtige **Sherbrooke Castle Hotel** **2** (▶ auch S. 89). Erbaut 1896 im Baronialstil, ist es ein typisches Beispiel für repräsentative spätviktorianische Architektur.

Über die Hügelkuppe geht es nach rechts durch die alleeartige Straße. Manche Häuser sind in blondem Sandstein, andere in rotem gehalten. Einige liegen zurückgesetzt von der Straße sogar in einem eigenen kleinen Park. Hier ist Individualität angesagt. Viele Häuser verfügen auch über Buntglasfenster.

ÜBRIGENS

Obwohl im 19. Jh. für wohlhabendere Schichten erbaut, finden sich im ganzen Viertel keinerlei Pferdeställe. Die Haltung von eigenen Pferden war untersagt. Im Gegenzug wurden die Straßen breiter gebaut, damit die Mietkutschen überall bequem wenden konnten. Und es wurde eine Bahnlinie zum Maxwell Park gebaut.

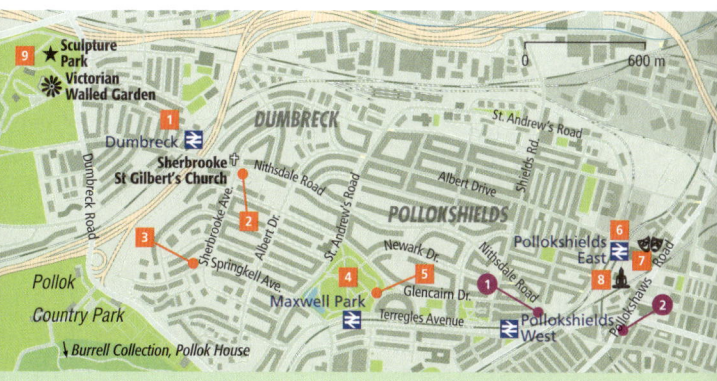

INFOS/ÖFFNUNGSZEITEN

Tramway **7**: 25 Albert Drive, www.tramway.org
Glasgow Gurdwara **8**: 37 Albert Drive, www.glasgowgurdwara.org
House for an Art Lover **9**: Bellahouston Park, 10 Dumbreck Road, T 0141 353 47 70, www.houseforanartlover.co.uk, Ausstellung: wechselnde Öffnungszeiten, Eintritt 6, erm. 4,50 £; Café tgl. 10–17 Uhr

KULINARISCHES FÜR ZWISCHENDRIN

Sehr nett ist die **Moyra Jane's Brasserie** **1** (18–20 Kildrostan Street, T 0141 423 56 28, Di–Sa 9–22, So/Mo 10–17 Uhr, Hauptgerichte 9–15 £) in einer ehemaligen Bankfiliale. **Ranjit's Kitchen** **2** (▶ S. 94) bietet günstige vegetarische und vegane indische Spezialitäten. Und im **Art Lover's Café** **9** lässt sich sehr stilvoll Tee und Kuchen genießen.

Cityplan A–F 6–8 | **S-Bahn** Dumbreck Station

Die schönste Kreuzung ist an der Springkell Avenue erreicht. Hier fallen rechts die **Arts & Crafts-Villa Kelmscott** ▌3 (1902) sowie zur Linken eine weitere Baronialvilla ins Auge. Rechts am Straßenende sind zwei weitere schöne Villen einen kleinen Abstecher wert.

Park und Mietshäuser

Die Springkell Avenue führt nach Osten zum erholsamen **Maxwell Park** ▌4 mit eigenem Bahnhof (gut, um die Route abzukürzen). Im Park steht auch das einstige Rathaus, die **Pollokshields Burgh Halls** ▌5, das ein wenig wie ein verwunschenes Parkwächterhaus wirkt.

Der Glencairn Drive führt weiter nach Pollokshields East. Nun bestimmen für Glasgow typische Mietshäuser das Bild. Zentrale Geschäftsstraßen sind die Nithsdale Road und der Albert Drive, welche durch die Kenmure Street verbunden sind. Sehr schade, dass auf dem Albert Drive keine Straßenbahnen mehr verkehren!

Kultur im Tramschuppen

Im einstigen Straßenbahndepot jenseits der **Bahnstation Pollokshields East** ▌6 ist ein ambitioniertes Kulturzentrum eingezogen, das **Tramway** ▌7 (▶ S. 109). Hier gibt es zeitgenössische Ausstellungen, hochkarätige Aufführungen des Scottish Ballet, ein Café und auf der Rückseite noch den kleinen Hidden Garden. Seit 2013 ist ein Nachbar hinzugekommen: Die **Glasgow Gurdwara Guru Granth Sahib** ▌8 der großen Sikh-Gemeinde. Gerade Pollokshields East ist inzwischen sehr multikulturell.

→ UM DIE ECKE

Von der **Dumbreck Station** ▌1 sind es nur 10 Minuten zu Fuß zu einer kuriosen Jugendstil-Attraktion. Denn das **House for an Art Lover** ▌9 wurde erst 1996 nach mehr als 90 Jahre alten Entwürfen von Charles Rennie Mackintosh im **Bellahouston Park** errichtet. Der Jugendstilmeister hatte sie 1901 bei einer deutschen Kunstzeitschrift eingereicht, nun sind sie in Glasgow tatsächlich detailgetreu verwirklicht worden. Besonders sehenswert ist das elegante und formschöne Musikzimmer ganz in Weiß; dazu gibt es eine kleine Ausstellung.

Kunst im Park –
Burrell Collection und Pollok House

13

Der superreiche Reeder und passionierte Kunstsammler William Burrell vermachte der Stadt seine riesige Kunstsammlung, wollte dafür aber auch ein eigenes Museum außerhalb des Stadtzentrums bekommen. Im weitläufigen Pollok Country Park ist auch das historische Pollok House, Stammsitz der begüterten Maxwell-Familie, mit einer eigenen Kunstsammlung sehenswert.

Der 145 ha große Pollok Country Park ist eine idyllische Landschaftsoase im Südwesten der Metropole. Hier grasen noch Hochlandrinder und Schafe – Besucher fühlen sich nicht mehr in der Stadt. 1966 hatte Anne Maxwell Macdonald den Park der Stadt Glasgow überlassen, ihr Landsitz wird vom National Trust for Scotland verwaltet. Mit der **Burrell Collection** 1 wurde der Park seit 1983 zum Kunst-Mekka. Allerdings ist das Mu-

Landschaftliche Idylle im Pollok Country Park

Einst herrschaftlicher Adelssitz, heute Kunst-galerie und nettes Café: Pollok House

seum derzeit wegen einer Komplett-Renovierung bis 2020/21 geschlossen.

Ein Reeder stellt aus

200 kostbare Wandteppiche, Gemälde von Rembrandt, Cranach, Manet und Cézanne, Skulpturen von Rodin, Buntglasfenster aus Frankreich, chinesische und ägyptische Kunst – ja, ein kompletter Salon aus dem einstigen Privat-Castle Burrells: Für den Reeder gab es bei seiner Sammelleidenschaft keine Grenzen. Mehr als 9000 Exponate umfasste die außergewöhnlichste Privatsammlung Schottlands, als Burrell (1861–1958) alles der Kommune vermachte.

Spanien in Glasgow

10 Min. zu Fuß sind es zum herrschaftlichen **Pollok House 2** aus der Mitte des 18. Jh. am Ufer des White Cart Water. Hier findet sich eine exquisite spanische Kunstsammlung, die auf den Kunstexperten Sir William Stirling Maxwell zurückgeht. Zu sehen sind u. a. Werke von Velazquez. Ob »Die Dame im Pelz« tatsächlich von El Greco stammt, wird allerdings derzeit untersucht. Beim Gang durch das Haus erhält man einen sehr guten Einblick in die Welt des Landadels im 19. und frühen 20. Jh. Die Gärten sind übrigens genau wie der ganze Park kostenlos zu besuchen.

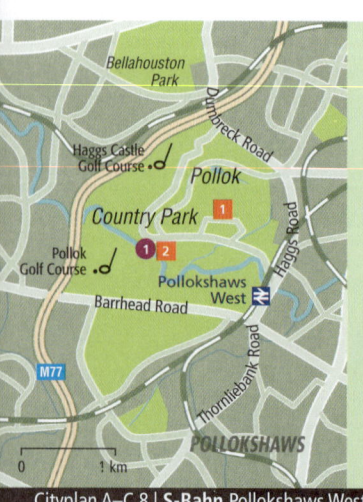

INFOS/ÖFFNUNGSZEITEN

Burrell Collection 1: www.glasgow life.org.uk/museums, derzeit geschl.

Pollok House 2: T 0141 616 64 10, www.nts.org.uk, tgl. 10–17 Uhr, Eintritt 7,50, erm. 5,50 £

KULINARISCHES FÜR ZWISCHENDRIN

In der ehemaligen Küche des **Pollok House 2** lädt die **Edwardian Kitchen 1** zu einer entspannenden Kaffeepause ein. Im Untergeschoss betritt man die Arbeitswelt der Angestellten. Das Café kann auch ohne Eintrittskarte besucht werden.

Unesco-Welterbe am Clyde – **New Lanark Mills**

Knapp 50 km südöstlich von Glasgow ist die frühindustrielle Mustersiedlung von New Lanark am Mittellauf des Clyde ein spannendes Ausflugsziel. Hier erschuf der sozial engagierte Unternehmer Robert Owen schon vor über 200 Jahren seinen Traum von einer Vorzeigesiedlung mit Kindergarten, Schule, Konsumladen und Bibliothek. Heute wirkt das weitläufige und aufwendig restaurierte Gelände wie eine Zeitkapsel. 2001 setzte die Unesco den Ort auf die Welterbeliste.

Tief im grünen Tal unterhalb von Lanark liegt versteckt eine der historisch wichtigsten Industriesiedlungen Schottlands. Bis zuletzt offenbart die

Es klappert die Mühle am rauschenden Bach … – die New Lanark Mills am Clyde.

ÜBRIGENS

New Lanark ist auch ein Naturerlebnis. Ausgehend vom kleinen **Falls of Clyde Visitor Centre** 7 geht es am Fluss entlang auf gut ausgebauten Wegen zu Stromschnellen und den Falls of Clyde. Diese waren im 19. Jh. ein beliebtes Ziel für die Maler und Schriftsteller der Romantik. Heute ist durch ein Wasserkraftwerk ein wenig von der Wucht des Wasserfalls verlorengegangen. Aber das waldreiche Tal lohnt den Spaziergang (hin und zurück ca. 5 km).

steile Zugangsstraße nicht die Welterbe-Siedlung New Lanark mit ihren wuchtigen Spinnerei- und Wohngebäuden direkt am Ufer des Clyde. Heute leben noch gut 180 Menschen hier, doch vor 200 Jahren war das Tal voll Aktivität und Betriebsamkeit, bis zu 2500 Leute arbeiteten in der Baumwollspinnerei.

Auftakt des Rundgangs ist das **New Lanark Visitor Centre** 1 im einstigen Institute.

Armut und Leid

Die Zustände in den Baumwollspinnereien und anderen Fabriken waren im frühen 19. Jh. katastrophal: Kinderarbeit, extrem lange Arbeitsstunden, keine soziale Absicherung im Krankheitsfall, keine Bildungsmöglichkeiten, schlechte Wohnverhältnisse und ein Leben in Armut waren die Norm. Erst vor diesem Hintergrund wird deutlich, wie revolutionär der Ansatz von Robert Owen (1771–1858) damals war.

Der walisische Unternehmer hatte die Fabrik 1799 von David Dale übernommen, der New Lanark 1785 gegründet hatte. Schon Dale hatte damit begonnen, solide Häuser zu bauen, z. B. die Hausreihe **Caithness Row** 2. Er wollte damit vermeiden, dass immer mehr Menschen aus den Highlands in die Neue Welt emigrierten.

Robert Owens Traum

Owen entwickelte diese Ideen weiter: Er baute 1816 das Institute for the Formation of Character für Veranstaltungen und eine Bibliothek. Im Prinzip begann er damit die Erwachsenenbildung. Für Kinder schuf er nebenan ein eigenes **Schulgebäude** 3 und verbot die Arbeit für unter 10-Jährige – damals ein sehr ungewöhnlicher Schritt. Auch gründete er einen Kindergarten.

Revolutionär war seine kostenlose ärztliche Versorgung für die Arbeiter. Die Ernährung der Belegschaft mit gesunden Lebensmitteln stellte er durch die Gründung eines **Village Store** 4 sicher, der wie eine Konsumgenossenschaft funktionierte. Gewinne wurden andernorts im Ort reinvestiert. So entstand im Laufe der Jahre eine echte Mustersiedlung, die viele moderne Sozialideen späterer Jahre vorwegnahm.

Allerdings muss man dazu sagen, dass Owen natürlich auch ein wirtschaftlich denkender Un-

ternehmer war. Verbesserte er die Lebensum-
stände seiner Arbeiter, konnte er eine höhere
Leistungsfähigkeit erwarten, was wiederum der
Firma zugute kam. Er betrieb ein durchaus hartes
Disziplinarsystem.

Robert Owens Haus 5 kann ebenfalls besichtigt werden. Im Ort galt es als das einzige Haus,
in dem es mehr Zimmer als Bewohner gab. Auch
Wohnungen der Arbeiter können besichtigt werden.

Annie McLeod und die Spinnerei

Vom Besucherzentrum geht es hinüber in die
Mill 3 6. In einer Art Geisterbahn erzählt die
10-jährige Annie McLeod anschaulich vom Leben in New Lanark um 1820. Danach geht es
durch die hohen Gebäude. 1968 war die Spin-
nerei geschlossen worden, aber heute gibt es
wieder einen kleinen Betrieb. Seit 2015 wird
sogar Bio-Wolle von Schafen des Prince Charles
verarbeitet. Bei der Produktion kann man zuschauen und im gut sortierten Shop wird die
Wolle gleich verkauft. New-Lanark-Wolle fand
bereits für einige Pullover in den Harry-Potter-Fil-
men Verwendung. Sehr informativ sind auch die
geführten Dorfrundgänge.

*Heute Industrieroman-
tik, damals ein wirklicher
Fortschritt: New Lanark*

INFOS/ÖFFNUNGSZEITEN
New Lanark Mills: T 01555 66 13 45,
www.newlanark.org, April–Okt. tgl.
11–17, Nov.–März 11–16 Uhr, Eintritt
für alle Gebäude (inkl. Führungen)
13,95, erm. 11,50/9,95 £

Das Dorf als solches und die Falls
of Clyde sind rund um die Uhr frei
zugänglich. Im Ort gibt es in Mill 1 das
gehobene New Lanark Mill Hotel sowie
weiter oben das Wee Row Hostel (beide:
www.newlanarkhotel.co.uk).

KULINARISCHES FÜR ZWISCHENDRIN
In **Mill 3** 6 gibt es ein frei zugängliches
Café, im Hotel ein Restaurant sowie
eine Bar, jeweils mit eigener Küche.

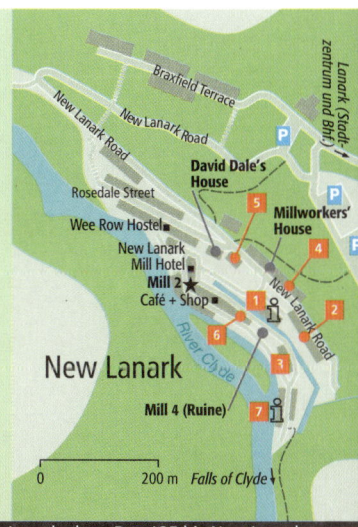

15

Ausblick in die Highlands – **zum Loch Lomond**

Glasgow mag eine große, dichtbesiedelte Metropole sein, doch es sind nur wenige Kilometer bis an den Rand der Highlands. Mit der Vorortbahn erreichen Sie bequem die Südspitze des größten Süßwassersees Großbritanniens. Auf einer Schiffstour erkunden Sie die schärenartige Inselwelt des Loch Lomond und sehen mit eigenen Augen, dass die wilde, einsame Bergwelt der Highlands direkt am Seeufer beginnt.

Romantik pur – der Loch Lomond ist einer der schönsten Seen Schottlands.

Einfach mal raus aus der Stadt und die klare Luft der Highlands einatmen – mit der Vorortbahn geht es dazu bequem in nur 50 Min. direkt bis an die Südspitze des Loch Lomond in Balloch. Für Generationen von Glaswegians war dies die einfachste Route, um am Wochenende ins Grüne zu kommen und am großen See die Sorgen des Alltags zu vergessen.

Leinen los!

Gleich am **Bahnhof** 1 ergibt sich neben der **Touristeninformation** 2 die Möglichkeit, am Auslauf des Sees auf ein Ausflugsschiff von **Sweeney's Cruise Co.** 3 umzusteigen. Auf zweistündigen Touren geht es zunächst den **River Leven** bis zum Loch Lomond und dann hinaus in die grandiose Weite des bis zu 8 km breiten und 37 km langen Sees. Vor Ihnen öffnet sich bei gutem Wetter ein fantastisches Panorama: Während die Südseite des Loch Lomond noch ganz in den eher lieblichen Lowlands liegt, bildet eine Reihe von Inseln die Trennlinie zu den Highlands. Zur Linken schippern Sie an einigen herrschaftlichen Landsitzen vorbei, bis dann bei der einzigen noch wirklich bewohnten Insel im See, **Inchmurrin** 11, der legendäre **Highland Boundary Fault** passiert wird.

Direkt voraus ragt am Horizont der 974 m hohe **Ben Lomond** 12 auf, der wie ein Wächterberg in der Landschaft steht. Sie wirkt hier im Norden nicht nur wesentlich wilder und einsamer, sie ist es auch. Der Blick in diese atemberaubende Bergwelt, die hier beginnt, macht den Schiffsausflug so spannend.

Der Loch Lomond ist auch zentraler Bestandteil des 2002 gegründeten Loch Lomond & The Trossachs National Park. Schottlands erster Nationalpark ist 1865 km² groß und erstreckt sich weit nach Norden. Weitere Infos dazu finden sich auf: www. lochlomond-trossachs.org

Das Boot windet sich auf dem weiteren Weg durch mehrere schmale Passagen zwischen diversen Eilanden hindurch. Besonders eng wird es zwischen **Inchtavannach** und **Inchconnachan**. Dort wurden nach dem Zweiten Weltkrieg übrigens rund 50 Wallabys aus Australien ausgesetzt.

Wendepunkt der Schiffstour ist die adrette Siedlung **Luss** 13 am Westufer, wo man auch aussteigen kann.

Unter Dampf

Zurück in Balloch geht es zu Fuß am Westufer des River Leven zur Landspitze (ca. 15 Min.), wo vom Schiff aus schon eine weitere Attraktion zu sehen war: Die 1952/53 gebaute **Maid of the Loch** 4 ist der letzte Schaufelraddampfer, der in Großbritannien vom Stapel lief und zugleich der größte auf einem Binnengewässer. Bis 1981 dampfte er über den See, seit einigen Jahren versucht nun eine Gruppe von Enthusiasten das Schiff zu restaurieren und wieder seetüchtig zu machen, schon jetzt gibt es einen **Tea Room** an Bord.

Sehr interessant ist auch ein Blick ins benachbarte **Balloch Steam Winch House** 5 von 1902. Hier wurde die Maid vor Ort zusammengebaut und zu Wasser gelassen. Der Kessel, die Dampfmaschine und die Zugseile sind original. Oft wird ab mittags sogar richtig(er) Dampf gemacht.

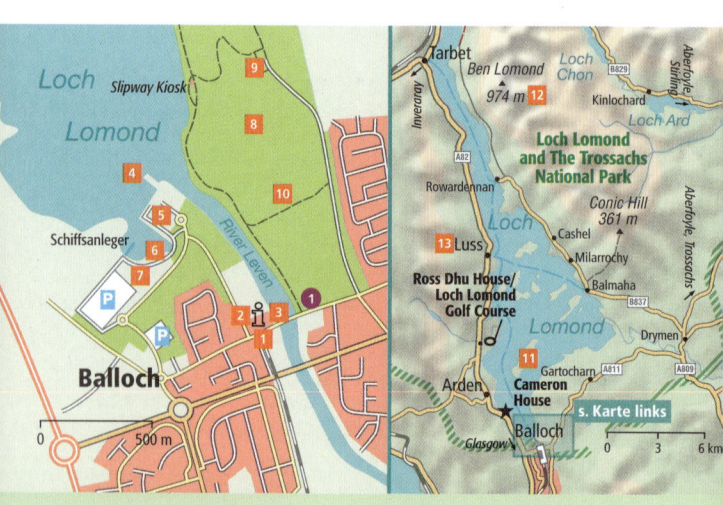

INFOS/ÖFFNUNGSZEITEN

Touristeninformation 2 : Balloch Road, Balloch, T 01389 75 35 33, www.visitscotland.com/lochlomond, tgl. 9.30–17.30 Uhr (im Winter evtl. kürzer)
Sweeney's Cruise Co. 3 : Balloch Road, T 01389 75 23 76, www.sweeneyscruiseco.com. Island Discovery (ab Bhf.), Mai–Sept. 2x tgl. (April/Okt. nur Sa/So), 2 Std., 20, erm. 18/12 £. Loch Lomond Shores (ab Einkaufszentrum), April–Okt. tgl. 5x, 50 Min., 10,50, erm. 8,50/7 £
Maid of the Loch 4 **/ Balloch Steam Winch House** 5 : The Pier, T 01389 71 18 65, www.maidoftheloch.org, Schiff: April–Okt. tgl. 10–17 Uhr, Winch House: Mai–Sept. tgl. 11–16 Uhr, beide Eintritt frei

Sea Life Loch Lomond 6 : Ben Lomond Way, T 01389 72 15 00, www.visitsealife.com/loch-lomond, tgl. 10–17 Uhr, 13,95, erm. 9,95 £
Loch Lomond Shores 7 : Ben Lomond Way, www.lochlomondshores.com; auch Rad- und Bootsverleih von In Your Element (www.iye.scot/lochlomond)

KULINARISCHES FÜR ZWISCHENDRIN

Neben dem netten **Tea Room auf der Maid of the Loch** 4 gibt es auch im **Loch Lomond Shores** 7 ein Café. Gemütlicher ist eine Pause in der sympathischen Bar des alten Gasthauses **Balloch House** 1 direkt an der Leven-Brücke (Balloch Road, T 01389 75 25 79, www.vintageinn.co.uk, Hauptgerichte 10–22 £).

Karte 4, A 1 | Vorortbahn von Glasgow Queen Street bis Balloch

*Schmucke Mustersied-
lung an den »bonnie,
bonnie banks of Loch
Lomond«*

Shopping mit Hai

Wenige Schritte weiter westlich ist das **Sealife Loch Lomond** 6 ein kinderfreundliches Aquarium mit Haien und einer tropischen Meeresabteilung. Ebenfalls sehr modern ist das Shoppingzentrum **Loch Lomond Shores** 7. Von hier bietet Sweeney's auch kürzere Schiffstouren an.

Idyllischer Park

Erneut zurück am Bahnhof lohnt auf der östlichen Flussseite ein schöner Spaziergang durch den **Balloch Castle Country Park** 8. Bis zum **Slipway Kiosk** sind es am Ufer rund 15 Min. Oberhalb der weitläufigen Wiese ist das leerstehende **Balloch Castle** 9 zu besichtigen, während auf dem Rückweg ein Abstecher zum windgeschützten **Walled Garden** 10 lohnt. Interessanterweise ist der 80 ha Park eine Art Exklave der Stadt Glasgow, da er 1915 von der Stadt erworben wurde. So schuf sich die Industriestadt einen kleinen Außenposten an den Ufern des wunderbaren Loch Lomond.

→ UM DIE ECKE

Wer einen Schiffsausflug macht, sollte eine Pause in **Luss** 13 durchaus einkalkulieren. Die schmucke, aber sehr kleine Cottage-Siedlung wurde Im 19. Jh. von Sir James Colquhon, dem 4. Baron von Luss, als eine Art Mustersiedlung für seine Arbeiter angelegt. Heute locken hier nette Cafés, Bistros und sogar eine **Fischräucherei** (Luss Smokehouse). Sehr nett sind die **Luss Seafood Bar** sowie der **Coach House Coffee Shop**. Luss ist auch per Bus von Balloch aus zu erreichen.

ÜBRIGENS

»On the bonnie, bonnie banks of Loch Lomond« – in Schottland kennt jedes Kind die Ballade vom »schönen, schönen Ufer des Loch Lomond«. Insbesondere die mitreißende Version der legendären Folk-Rock-Band Runrig hat den Song auch für heutige Generationen wieder attraktiv gemacht. Worum geht es also? Handelt es sich vielleicht um den Titel eines Romans von Rosamunde Pilcher oder einen Ableger der Outlander-Saga? Weit gefehlt: Das berühmte Lied ist in Wirklichkeit sehr traurig, weil es um zwei Schotten geht, die 1746 beim letzten Stuart-Aufstand in England in Gefangenschaft geraten sind. Der eine wird freigelassen und erreicht Schottland wieder auf der *high road*, der andere wird hingerichtet und wird seinen geliebten See nur noch auf der Straße der Toten, der *low road*, wiedersehen.

EINTRITTSKARTEN *in eine andere Welt ...*
Hier einige persönliche Favoriten in der kulturträchtigen Metropole am Clyde:

UND JETZT ENTSCHEIDEN SIE!

Kelvingrove Art Gallery & Museum
▶ S. 54

Glasgows größter Kunstpalast ist im West End der wichtigste Besuchermagnet – die beeindruckende und umfangreiche städtische Kunstsammlung von europäischem Rang sollten Sie sich nicht entgehen lassen!

JA   NEIN   🗺 D 2, www.glasgowlife.org.uk/museums

The Lighthouse
▶ S. 82

Sehr gute Einführung in die Jugendstilwelt des Charles Rennie Mackintosh sowie Wechselausstellungen zu Design und Architektur – plus wundervoller Rundblick vom Wasserturm.

JA   NEIN   🗺 Karte 2, D 4, www.thelighthouse.co.uk

Riverside Museum / Tall Ship
▶ S. 63

Postmodern vs. Tradition – das Riverside Museum mit dem davor ankernden Dreimaster Glenshee ist ein echter Hingucker am »neuen« Clyde. Ein Ausflug in die Welt der Verkehrsmittel.

JA   NEIN   🗺 B 3, www.glasgowlife.org.uk/museums

The National Piping Centre
▶ S. 103

Woher kam der Dudelsack? Welche Bedeutung hatte und hat er für Schottland? Und kann ich auch Unterricht nehmen? In der ehemaligen Kirche an der McPhater Street gibt es Antworten.

JA   NEIN   🗺 Karte 2, D 1, www.thepipingcentre.co.uk

The Glasgow Police Museum

April–Okt. Mo–Sa 10–16.30,
So 12–16.30, Nov.–März Di
10–16.30, So 12–16.30 Uhr
Eintritt frei

○ JA   ○ NEIN

Im 1. Stock gegenüber des Merchant Square geht es in die Welt der städtischen Polizei, die schon 1800 gegründet wurde. Unterhalten wird das Museum von ehemaligen Polizisten.

📖 Karte 2, F 5, www.policemuseum.org.uk

Glasgow Science Centre

April–Okt. tgl. 10–17, Nov.–
März Mi–Fr 10–15, Sa/So
10–17 Uhr
Eintritt 11,50, erm. 9,50 £

○ JA   ○ NEIN

Wissenschaft modern für Kinder aufbereitet, mit zusätzlichem Planetarium und 3D-Wissenschaftsfilmen sowie dem Glasgow Tower (▶ S. 63) – die Extras (2,50–3,50 £) können auch einzeln gebucht werden.

📖 C 4, www.glasgowsciencecentre.org

Scottish Football Museum

Mo–Sa 10–17, So 11–17 Uhr
Eintritt 13, erm. 5 £

○ JA   ○ NEIN

Internationale Fußballspiele werden im Nationalstadion Hampden Park im Süden der Stadt ausgetragen – Museum und Stadionführungen geben einen guten Einblick für Fußballfans.

📖 Karte 3, C 2,
www.scottishfootballmuseum.org.uk

Glasgow Museums Resource Centre

Mi/Fr–So öffentliche
Führungen
Eintritt frei

○ JA   ○ NEIN

Weit draußen am Stadtrand (Bahnhof Nitshill) kann die riesige und vielschichtige Lagersammlung der Glasgower Museen im Rahmen von Führungen bewundert werden.

📖 Karte 3, B 2,
www.glasgowlife.org.uk/museums

Summerlee Museum of Scottish Industrial Life

März–Okt. tgl. 10–17,
Nov.–März 10–16 Uhr
Eintritt frei

○ JA   ○ NEIN

Ca. 20 Min. mit dem Zug nach Coatbridge Sunnyside sind es zum weitläufigen Industriemuseum auf dem Gelände einer ehemaligen Eisenhütte – mit historischen Straßenbahnen; spannende Industriekultur.

📖 Karte 3, E 1, www.culturenl.co.uk

Glasgows Museumslandschaft

Mehrere Millionen Menschen strömen jährlich in die Museen und Galerien von Schottlands größter Stadt. Allein 1,4 Mio. Menschen besuchen das Riverside Museum am Clyde, 1,3 Mio. die international renommierte Kelvingrove Art Gallery & Museum. Das ist für eine Stadt mit etwas mehr als 600 000 Einwohnern eine beeindruckend hohe Besucherzahl und unterstreicht die große kulturelle und touristische Bedeutung der hochkarätigen Museen für die Stadt. Ein wesentlicher Faktor ist dabei, dass die zumeist kommunalen Museen grundsätzlich freien Eintritt zu den Dauerausstellungen gewähren. So strömen auch viele Schulklassen in die Museen, weil der kulturelle Bildungsauftrag sehr ernst genommen wird. Überhaupt ist es eine große Leistung, derart anspruchsvolle Museen alle in kommunaler Verantwortung zu leiten.

Natürlich gibt es nicht nur große Museen, auch die kleinen und z. T. privaten Ausstellungen machen einen Besuch in Glasgow sehr reizvoll. Das Kinetische Figurentheater Sharmanka ist eine exotische Attraktion, während das National Piping Centre und das Police Museum zwei sehr interessante Themen aufgreifen, genau wie das Scottish Football Museum.

Im künstlerischen Umfeld der leider abgebrannten Glasgow School of Art haben sich mehrere sehenswerte Kunstgalerien etabliert.

INFORMATIONEN

Im Internet: Die wichtigste Museums-Website ist kommunal und listet die zehn großen und kleineren Kunstmuseen der Stadt: www.glasgowlife. org.uk/museums. Hilfreich ist auch die Museums-Website der universitären Hunterian-Museen: www.glasgow.ac.uk/hunterian.

Eintrittspreise: Die Dauerausstellungen der kommunalen und universitären Museen sind kostenfrei zugänglich (Spenden sind aber natürlich willkommen). Wechselausstellungen sind hingegen kostenpflichtig. Das gilt auch für die privaten Museen, z. B. vom National Trust for Scotland.

Öffnungszeiten: Tgl. ca. 10/11–17 Uhr (im Winter evtl. kürzer)

Beeindruckender Bau: Das Hunterian Museum der Uni

Kunst an den Mauern

Graue Hausmauern sind zumeist nicht sehr attraktiv – in Glasgow hat man dagegen etwas unternommen. Graffitikünstler wurden eingeladen, Farbe in die Stadt zu bringen. Rund zwei Dutzend farbenfrohe Kunstwerke, einige mit lokalem Bezug, prangen nun an vielen Hauswänden.

Neues Leben für alte Fassaden
City Centre Mural Trail

Der City Centre Mural Trail (mural = Wandgemälde) bringt seit 2014 völlig neue Perspektiven in die Stadt. Ungenutzte Wandflächen erzählen auf einmal spannende Geschichten, ehren bekannte Persönlichkeiten oder werden einfach zu farbenfrohen Kunstwerken umgestaltet. Für das Projekt konnten u. a. der aus Australien stammende Smug (alias Sam Bates) sowie sein Kollege Rogue One (alias Bobby McNamara) aus Glasgow gewonnen werden. Aber wie das Leben so spielt, verschwinden auch manche Kunstwerke wieder, wenn z. B. eine Baulücke geschlossen wird.

Aktuelle Infos: www.citycentremuraltrail.co.uk

Ein Heiliger und sein Vogel
High Street 🏛 Karte 2, H 4

In der Nähe der Kathedrale (▶ S. 32) steht natürlich der Stadtgründer, der hl. Mungo, im Fokus. 2016 stellte Smug Mungo mit Wollmütze, Bart und in moderner Kleidung dar (▶ S. 16). In einem zweiten Werk an der Kreuzung High/George Street von 2018 gibt die hl. Enoch dem kleinen Mungo (damals noch Kentigern) die Brust. Das Wandgemälde wird aufgrund seiner zärtlichen Darstellung allgemein gepriesen.

Tierisch gut
Ingram Street

🏛 Karte 2, E–G 4

Wie ein Zoo wirkt ein weiteres Wandgemälde von Smug: »Fellow Glasgow Residents« (2013) vermittelt den Eindruck im Wald zu sein, wo ein Wanderer Pilze sammelt und sich Füch-se, Rehe, Eichhörnchen und Vögelchen tummeln. Mitten im dichtbebauten Zentrum führt Smug hinaus in die Natur. Weitere tierische Motive auf dem Trail sind »Glasgow's Tiger« (Custom House Quay), »Glasgow Panda« (Mitchell/ Gordon Lane) und »Glasgow Crocodile« (Westseite Charing-Cross-Fußgängerbrücke).

Glasgows Top-Comedian
Osborne Street 🏛 Karte 2, E-F 5–6

Den 75. Geburtstag von Schottlands bekanntestem Comedian, Billy Connolly, feiert ein großflächiges Porträt von Rogue One südlich der Argyle Street. Connolly stammt aus Govan und revolutionierte die Comedy-Szene in Schottland mit seinem schwarzen und oft skurrilen Humor. Im Kino war er zuletzt 2014 in der Komödie »Ein Schotte macht noch keinen Sommer« mit Rosamund Pike und David Tennant zu sehen.

»Honey, ich hab die Kids geschrumpft«
Mitchell Street 🏛 Karte 2, D 4

Die Wandgemälde lassen auch viel Platz für Skurriles. Hier schaut eine Frau durch eine Lupe auf ihr winziges Kind. Witzig ist auch The Gallery in der Argyle Street. Diese junge Frau wurde zur »Mona Lassie« von Glasgow erhoben, während im Hintergrund Werke von van Gogh und Edvard Munch interpretiert werden. Beide Werke sind von Smug. Bei Redaktionsschluss wurde übrigens in den Arches an der Argyle Street ein neues Wandwerk von Banksy vorbereitet.

Jugendstilreise am Clyde

Charles Rennie Mackintosh und seine Mitstreiter schufen mit ihrem Glasgow Style in der Clyde-Metropole international gefeierte Perlen des Jugendstils. Schon 1904 urteilte der deutsche Architekt und Kunstkritiker Hermann Muthesius bewundernd: »Mackintosh' Formenrepertoire hat einen eigenen örtlichen Stil erschaffen.«

Architektur im Leuchtturm

The Lighthouse ☐ Karte 2, D 4

Ein sehr guter Startpunkt für die Jugendstilreise durch Glasgow ist The Lighthouse, Scotland's Centre for Design and Architecture. Das einst für den Zeitungsverlag des Glasgow Herald errichtete Gebäude war das erste große Projekt des damals 25-jährigen Mackintosh.

Die gut aufgemachte Dauerausstellung im Mackintosh Centre im 3. OG verfolgt den Lebens- und Schaffensweg von »Tosh«, wie ihn seine Freunde nannten. Er wächst in Sichtweite der Necropolis (▶ S. 34) auf und besucht schon mit 15 Jahren Abendklassen an der Glasgow School of Art. 1889 tritt er in das Architekturbüro Honeyman & Keppie ein, für das er 1893 das noch recht klassisch wirkende Lighthouse entwirft. Aber schon der Wasserturm – der na-

mensgebende »Leuchtturm« – beweist Mackintosh Gespür für ungewöhnliche Lösungen. Der Turm ist heute ein markanter Aussichtspunkt.

11 Mitchell Lane, www.thelighthouse.co.uk, Mo–Sa 10.30–17, So 12–17 Uhr, Eintritt frei

Ein Meister entfaltet sich

Glasgow School of Art
☐ Karte 2, B–C 1–2
Mackintosh at the Willow
☐ Karte 2, C 2

Den ganz großen Durchbruch erzielt Mackintosh 1896 mit dem Auftrag für den Neubau der Glasgow School of Art. Hier vollzog er eine radikale Abkehr von traditionellen Baustilen und katapultierte die Kunstszene der Stadt auf einen Schlag in ein völlig neues Zeitalter. Die GSA beeindruckte sowohl künstlerisch wie auch funktional, brannte aber leider 2014 und 2018 gleich zweimal ab (▶ S. 47).

Ein zweites Markenzeichen des Glasgow Style wurden die Teehäuser, allen voran die 2018 wieder als Mackintosh at the Willow (▶ S. 46) eröffneten Willow Tea Rooms.

Auf die Außenwelt wirkte dieser architektonische und künstlerische Aufbruch so stark, dass Muthesius 1902 sogar schrieb: »Der Gravitationspunkt der Kunstbewegung ist von London nach Glasgow verrückt.«

Zwei Jahre zuvor hatten Mackintosh, seine Frau Margaret (1864–1933) sowie deren Schwester Frances und ihr Mann Herbert McNair – bekannt als »The Four« – in Wien auf der Sezessions-Ausstellung schon u. a. Gustav Klimt beein-

ÜBRIGENS

Wer noch mehr über Mackintosh und seine Kunstwerke erfahren will, sollte auch zur **Mackintosh Queen's Cross Church** nordwestlich der Innenstadt fahren (870 Garscube Road, April–Okt. Mo–Fr 11–16, sonst Mo/Mi/Fr 11–16 Uhr, Eintritt 5, erm. 2,50 £). Die Kirche wurde 1897–99 von ihm entworfen und ist heute Sitz der **CRM Society**. Weitere Infos: www.crmsociety.com.

Edel Tee trinken im Salon de Luxe im Mackintosh at the Willow

druckt, der sich durch die schottischen Kunstformen bei seinem berühmten Beethovenfries inspirieren ließ.

Leben und Lernen im Gesamtkunstwerk

Mackintosh House 🕮 D 2
Scotland Street School Museum 🕮 E 6

In Glasgow schufen sich Tosh und Margaret auch im Privatleben eine neue Welt. Sie zogen 1906 ins Univiertel Hillhead. Jedes Zimmer ihrer Wohnung (▸ S. 59) wirkt wie aus einem Verkaufsprospekt für Jugendstilmöbel. Alles hier ist selbst entworfen, vom Bett und den Möbelstücken bis zu den Mackintosh-Rosen. Mackintosh bevorzugte für Stühle klare rechteckige Formen, Margaret geschwungene Linien für ihre märchenhaften Gessos. Charles bewunderte seine Frau: »Margaret ist ein Genie. Ich habe nur Talent.« Doch Mackintosh ignorierte im Sinne seiner visionären Gesamtkunstwerke gerne die Wünsche und das Budget seiner Auftraggeber. Das zeigte sich z. B. in seiner Scotland Street School (1903–06)

südlich des Clyde, in der heute ein Schulmuseum untergebracht ist. Seine Kompromisslosigkeit leitete auch seinen Abstieg ein. So bekam er nach 1910 keine öffentlichen Aufträge mehr. 1914 zogen Charles und Margaret nach London – die gerade noch gefeierten Künstler gerieten bis zu ihrem Tod 1928 bzw. 1933 völlig in Vergessenheit. Scotland Street School Museum: 225 Scotland Street, www.glasgowlife.org.uk/museums, Mo–Do, Sa 10–17, Fr/So 11–17 Uhr, Eintritt frei

Wiederentdeckung

House for an Art Lover 🕮 A 6

Erst mit der Gründung der Charles Rennie Mackintosh Society setzte 1973 eine Wende ein. Zehn Jahre später öffneten die Willow Tea Rooms wieder. Das folgende Revival hatte bemerkenswerte Konsequenzen: So entstand im Bellahouston Park 1996 das House for an Art Lover (▸ S. 67), 1999 folgte die Eröffnung des Lighthouse. Heute gilt Mackintosh zu Recht als ein großer Sohn der Stadt, als eine immer noch moderne Kunstikone der vorletzten Jahrhundertwende.

Pause. Einfach mal abschalten

Sie brauchen Erholung vom Stadtleben? Dann sind die weitläufigen Parks rund ums Stadtzentrum eine gute Adresse. Auch die Tea Rooms sind sehr entspannend. In eine ganz andere Inselwelt »doon the watter« entführt ein Tagesausflug zur Isle of Bute.

Das Leben ist ein Park

Queen's Park 📖 Karte 3, C 2

Rund ums Stadtzentrum finden sich in Glasgow wunderbare Parks zum Entspannen: Im Südosten grenzt das Glasgow Green (▶ S. 29) direkt an den Fluss, im Westen sind der Kelvingrove Park (▶ S. 51) und der Botanische Garten (▶ S. 58) echte Grünoasen. Auf der Südseite des Flusses sind der Bellahouston Park (▶ S. 68) und vor allem der weitläufige Pollok Country Park mit seinem Museum und Landsitz (▶ S. 69) beliebte Naherholungsgebiete.

Erholsam und geschichtsträchtig zugleich ist der 60 ha große Queen's Park rund 4 km südlich des Stadtzentrums. Hier verlor Maria Stuart am 13. Mai 1568 ihre letzte Schlacht, als sie versuchte, die schottische Krone nach ihrer Absetzung ein Jahr zuvor wieder an sich zu reißen. Nach der Schlacht von Langside flüchtete Maria über die Grenze nach England, in der vergeblichen Hoffnung, ihre Cousine Elizabeth werde sie retten. Dieser Irrtum endete in 19 Jahren Haft und anschließender Enthauptung.

Der Name des von Joseph Paxton 1857–62 angelegten Parks erinnert an Königin Maria. Heutige Besucher schätzen die Treibhäuser, den Rosengarten, zwei Teiche, aber auch die Möglichkeit, das golfartige Pitch&Putt zu spielen. Schon Maria war ein Golf-Fan.

Zwischen Pollokshaws Road und Langside Road, frei zugänglich

Tee bei Miss Cranston

Willow Tea Rooms 📖 Karte 2, D 2
Mackintosh at the Willow 📖 Karte 2, C 2

In Glasgow gibt es mittlerweile gleich drei Möglichkeiten, im Jugendstildesign von Charles Rennie Mackintosh eine entspannte Tasse Tee zu genießen. Das Mackintosh at the Willow hat 2018 in einer aufwendigen Restaurierung die Original-Einrichtung der Willow Tea Rooms am historischen Ort in der Sauchiehall Street wiederauferstehen lassen (▶ S. 46). Die Vorgänger sind nun um die Ecke in das Obergeschoss eines Kaufhauses umgezogen. 1996 hatten sie in der Fußgängerzone Buchanan Street ein weiteres berühmtes Teehaus von Kate Cranston und Charles Rennie Mackintosh stilvoll nachgebaut (▶ S. 39). Nach Jahrzehnten der unrühmlichen Vernachlässigung des Mackintosh-Erbes können Besucher nun wieder ein wenig vom alten Glanz der Teehäuser nachempfinden. Wenn also die Schuhe vom Pflastertreten drücken oder die Einkaufstaschen zu schwer werden — just relax and have a cup of tea!

FUSSWEH

Ihre Füße schmerzen schon? Aber Sie wollen noch etwas mehr von Glasgow sehen? Dann setzen Sie sich doch in einen der Sightseeing-Doppeldeckerbusse von CitySightseeing Glasgow – am besten aufs Oberdeck. Wenn Sie Ihre Ruhe haben möchten, verzichten Sie auf die Kopfhörer. Die Erläuterungen gibt es aber auch auf Deutsch (▶ S. 113).

Erinnerung an die goldenen Seebadzeiten: Winter Garden in Rothesay auf der Isle of Bute

Doon the watter

Isle of Bute 🗺 Karte 4, östl. A 2
Einfach mal raus aus der Stadt? Dann machen Sie es wie Generationen von Glaswegians, fahren Sie »doon the watter« den Clyde hinab zur Isle of Bute! Auf dem Fluss selbst verkehrt gelegentlich noch der Schaufelraddampfer Waverley (▶ S. 62), doch ansonsten nehmen Sie den Zug von der Central Station nach Wemyss. Von dort pendeln regelmäßig Fähren zur charmanten Inselhauptstadt Rothesay.
Bis in die 1960er-Jahre machte sich an Wochenenden oder in den Sommerferien alles auf, um an die Strände von Bute zu kommen, heute unvorstellbar. Aus dem Mittelalter stammt mitten im Ort die Ruine von Rothesay Castle. Der Herzog von Rothesay ist übrigens niemand anders als Prince Charles, für den dies der höchste schottische Titel ist. Hauptsehenswürdigkeit ist aber zweifelsohne Schloss und Park von Mount Stuart am Clyde südöstlich von Rothesay. Hier baute sich der 3. Marquis von Bute Ende des 19. Jh. sein neogotisches Neuschwanstein. Durch seine Zechen in Wales und den Hafenausbau von Cardiff war der Marquis unermesslich reich geworden und dokumentierte dies in Mount Stuart u. a. durch die beeindruckende zweistöckige Marmorhalle, den exotischen Salon und auch das fernöstlich wirkende Horoskop-Zimmer. Geschmückt werden die Wände durch kostbare Werke von Tizian, Tintoretto und van Dyck – welch ein Gegensatz zum einfachen Strandvergnügen der arbeitenden Glaswegians.

Anreise: Bahn: www.scotrail.co.uk, ca. 55 Min.; Fähre Wemyss-Rothesay: www.calmac.co.uk, ca. 35 Min.; Mount Stuart: www.mountstuart.com (aktuelle Öffnungszeiten checken), Eintritt 13, erm. 11/7,50 £ (Busse ab Rothesay) (Busse nach Mount Stuart verkehren ab Rothesay)

Sleep well!

Die Übernachtungsszene in Schottlands größter Stadt ist breit gefächert: von gut gepflegten Hostels mit internationaler Atmosphäre über eher traditionelle Guest Houses bis zu einladenden Mittelklassehotels und hochwertigen Luxusherbergen. In Glasgow dürfte sich für (fast) jeden Geschmack und Geldbeutel etwas Passendes finden.

Im Allgemeinen ist es nicht sehr schwer, in Glasgow ein freies Zimmer zu finden. Schwierig wird es eigentlich nur bei großen Kongressen oder internationalen Sportveranstaltungen. Natürlich gibt es auch in Glasgow zahlreiche internationale Ketten, die sich problemlos über booking.com oder andere Onlineportale buchen lassen.

Im Budgetbereich gibt es einige wenige große Hostels, die im Sommer durch leerstehende Studentenwohnheime ergänzt werden. Traditionelle Guest Houses können von Charakter und Größe her alles zwischen einer Pension und einem kleinen Hotel sein. Noch gibt es in Glasgow vielleicht etwas weniger Ferienwohnungen als andernorts, aber natürlich Privatvermittler wie Airbnb.

Für ein Bett im Hostel müssen Sie ab 16 £ rechnen, für ein DZ mit Frühstück im Guest House oder einem kleinen Hotel ca. 65–85 £, Mittelklassehotels kosten ab ca. 80 £. Zimmer ohne Frühstück (room only) gibt es immer öfter, Zimmer mit/ohne eigenes Bad/WC sind zumeist als »ensuite« bzw. »standard« gekennzeichnet.

ZUM SELBST ENTDECKEN

Die meisten Adressen finden sich in Glasgows **West End** und zwar in zwei verschiedenen Bereichen: Rund um die Great Western Road zwischen Kelvinbridge und Botanischem Garten gibt es genauso einen Schwerpunkt wie am westlichen Ende der Sauchiehall Street. Im **westlichen Innenstadtbereich** finden sich mehrere internationale Hotelketten, während die eigentliche Innenstadt und auch die Merchant City über erstaunlich wenige Adressen verfügen. Im **Internet** finden sich Unterkünfte auf der kommunalen Website sowie bei VisitScotland: https://peoplemakeglasgow.com/visiting/hotels-accommodation; www.visitscotland.com/glasgow
Private Websites sind: www.glasgowcityflats.com; www.hot-el-apartments.com/glasgow-central-overview.html; www.holidayhomeglasgow.com

Von gemütlich bis gehoben – Glasgows Guest Houses

JH im Villenviertel
Glasgow Youth Hostel 🛏 E 2

Zwei großbürgerliche Reihenhäuser im herrschaftlichen Park District wurden vom schottischen JH-Verband zu einem sehr stattlichen 100-Betten-Hostel zusammengelegt. Das Treppenhaus und die großzügige Lounge erinnern an die ursprüngliche Nutzung, es gibt sogar ein Billardzimmer; mit Selbstversorgerküche. Durch den Kelvingrove Park (► S. 51) sind alle Attraktionen im West End leicht zu Fuß zu erreichen. Im Juli/Aug. öffnet zusätzlich das Sommerhostel Glasgow Metro in einem Studentenwohnheim (89 Buccleuch Street, 107 EZ, keine DZ/Schlafsäle).

7/8 Park Terrace, T 0141 332 30 04, www.hostellingscotland.org.uk, Bus 4/4A Woodlands Road/Lynedoch Street, Bett ab ca. 16 £, DZ ab ca. 50 £, Frühstück 5,50–7 £

Ruhige Wohnlage am Kelvin
Albion Hotel 🛏 E 1

Nur wenige Schritte von der U-Bahnstation Kelvinbridge und der Great Western Road genießt das nette Hotel am Kelvin eine ruhige und vor allem sehr verkehrsgünstige Wohnlage in einer längeren Häuserreihe. Auf den Zimmern gibt es Safes und kleine Kühlschränke. Übernachtungen sind auch ohne Frühstück möglich und nebenan werden zusätzlich vier Apartments vermietet (City Apartments). Im West End einige weitere nette Adressen der kleinen Kette, z. B. das Ambassador Hotel am Kelvin Drive sowie das Kelvingrove Hotel an der Sauchiehall Street.

405–407 North Woodside Road, T 0141 339 86 20, www.glasgowhotelsandapartments.co.uk, Subway Kelvinbridge, Bus 6 Great Western Road/Lansdowne Crescent, DZ ab 45 £, Frühstück 9 £

Viktorianisches Stadthaus
The Alfred 🛏 D 1

Das vierstöckige Alfred liegt am nördlichen Abhang des Univiertels Hillhead auf einer etwas erhöhten Terrasse an der Great Western Road. Über vier Etagen (kein Lift) verteilen sich in dem authentisch erhaltenen Guest House 13 Zimmer, von denen nicht alle über eigenes Bad/WC verfügen. Auch Einzelgäste und Familien werden hier angesprochen, kostenloses WLAN ist selbstverständlich. Die Besitzer des Alfred managen auch die Kulturkirche Òran Mór (► S. 105) etwas weiter die Straße hinauf. Frühstück ist nur continental.

1 Alfred Terrace (Great Western Road), T 0141 357 34 45, www.thealfredhotelglasgow.co.uk, Subway Kelvinbridge, Bus 6 Great Western Road/Cecil Street, DZ ab ca. 80 £

Im Univiertel
The Heritage Hotel 🛏 D 1

Unmittelbar neben dem Alfred ist auch das Heritage ein solides 3-Sterne-Guest-House. Auch hier sind die Zimmer freundlich eingerichtet und vergleichsweise günstig. Während in den Laden- und Caféezeile unterhalb der Terrasse die vielen Studenten auffallen, schließt sich nach hinten ein ruhiges, wenn auch hügeliges Viertel an, das sich bis zur Uni zieht. Auch die Byres Road und der Botanische Garten sind nur 10 Min. zu Fuß entfernt, zur U-Bahn sind es 5 Min.

4–5 Alfred Terrace, T 0141 339 69 55, www.theheritagehotel.net, Subway Kelvinbridge, Bus 6 Great Western Road/Cecil Street, DZ ab ca. 45 £

Am Kelvingrove Park
The Alamo Guest House 🛏 D 3

Das gemütlich und eher gehoben eingerichtete Alamo hat sich am südöstlichen Rand des Kelvingrove Park in einer ruhigen Seitenstraße eine hervorragende Lage gesichert. Zur Kelvingrove Art Gallery sind es nur 5 Min. zu Fuß. Auch hier gibt es auf vier Etagen verteilt unterschiedlich große Zimmer, die nicht alle mit eigenem Bad/WC ausgestattet sind. Dementsprechend variieren die Preise.

46 Gray Street, T 0141 339 23 95, www.alamoguesthouse.com, Bus 3 Sauchiehall Street/Derby Street, DZ ab ca. 75 £

An der Weidenallee
Argyll Hotel & Guest House 🛏 D 3

Auf einem kleinen Teilstück am westlichen Ende der Sauchiehall Street drängeln sich mehrere Unterkünfte, von sehr modern bis zu eher traditionellem Ambiente. Das 3-Sterne-Haus Argyll verteilt sich zu beiden Seiten der Straße auf gleich zwei Adressen und hat sich eher im Budget-Bereich angesiedelt. Die Rezeption und der Frühstücksraum befinden sich im Hotel, das Guest House liegt direkt gegenüber.

973 bzw. 968 Sauchiehall Street, T 0141 337 33 13, www.argyllhotelglasgow.co.uk, Bus 3 Sauchiehall Street/Derby Street, DZ ab ca. 50 £

Ruhig in Dennistoun
Seton Guest House ⌂ K 4
Östlich der Necropolis erstreckt sich der adrette Stadtteil Dennistoun. In einer netten Villensiedlung liegt das Seton in einer Hausreihe an einem grünen kleinen Platz. Der Service bei Sheena Wood ist sehr freundlich und das 3-Sterne-Haus ist gut gepflegt; eine ruhige Adresse.

6 Seton Terrace, T 0141 556 76 54, www.setonguesthouse.co.uk, Bus 41, 46, 60, 90 Duke Street/Annbank Street, DZ ab 56 £

Östlich der Necropolis
Craigpark Guest House ⌂ K 4
Auch das substantielle viktorianische Eck-Reihenhaus Craigpark liegt in Dennistoun, nur wenige Straßen weiter vom Seton. In dem ruhigen Wohnviertel kann man abends von der Hektik der Großstadt abschalten. Einige Zimmer des 3-Sterne-Hauses haben das Bad draußen auf dem Flur; auch 1 EZ.

33 Circus Drive, T 0141 554 41 60, www.craigparkguesthouse.com, Bus 41, 46, 60, 90 Duke Street/Annbank Street, DZ ab 58 £

Alte Kirche für Dudelsäcke
Pipers' Tryst Hotel ⌂ Karte 2, D 1
Diese nette Unterkunft ist wirklich ein kleines Schmankerl, denn in der ehemaligen Kirche von 1873 am nördlichen Rand der Innenstadt ist das National Piping Centre (▶ S. 103) untergebracht. Mit anderen Worten, hier dreht sich alles um Dudelsäcke – von einer guten Ausstellung bis zu Unterrichtsmöglichkeiten. Die 8 DZ sind alle ensuite und im hauseigenen Bistro-Restaurant lässt sich zudem gut speisen. Gleich

gegenüber befindet sich übrigens das Theatre Royal.

30–34 McPhater Street, T 0141 353 55 51, www.thepipingcentre.co.uk, Subway Cowcaddens, Bus 6 Theatre Royal, DZ ca. 120 £

Mitten im Leben
Millennium Hotel ⌂ Karte 2, E 3
Zentraler geht es in Glasgow kaum, denn das elegante Hotel liegt direkt am George Square und die Zimmer nach vorne haben einen schönen Blick auf den Platz und das imposante Rathaus. In dem historischen Gebäude wird gehobener Komfort geboten. Eine wunderbare Ergänzung ist die gläserne Restaurantfront zum Platz hin. Wer mitten in der Stadt wohnen möchte, ist hier genau richtig.

40 George Square, T 0141 332 67 11, www.millenniumhotels.com/en/glasgow, Subway Buchanan Street, Busse George Square, DZ ab ca. 120 £

Botanischer Garten in Sichtweite
The Kelvin ⌂ D 1
Nur wenige Schritte vom Botanischen Garten entfernt liegt das Kelvin in einer schicken Häuserzeile aus der Mitte des 19. Jh. Die sympathische Adresse bietet freundlichen Service und sogar ein Apartment für bis zu vier Personen. Einige Zimmer sind ohne eigenes Bad/WC, die Größen variieren wie in fast allen viktorianischen Häusern z. T. erheblich. Das Kelvin bietet auch einen Abhol- und Bringeservice vom/zum Flughafen an (30–35 £).

15 Buckingham Terrace (Great Western Road), T 0141 339 52 15, www.kelvinhotel.com, Bus 6 Great Western Road/Kersland Street, DZ ab ca. 50 £

Historisches Stadthaus
Merchant City Inn ⌂ Karte 2, E 5
Überraschenderweise gibt es in der Merchant City nur wenige Hotels und Guest Houses. Eine gute Adresse mitten in dem einstigen Viertel der Tabak- und Zuckerbarone ist das Merchant City Inn in einem soliden Stadthaus, das bereits auf das 18. Jh. zurückgeht. Die 40 angenehmen Zimmer sind unterschiedlich

Mitten in der Stadt am zentralen George Square – Komfort im Millenium Hotel

groß, während die Lage zentral und ruhig ist. Preise können stark schwanken.
52 Virginia Street, T 0141 552 24 24, www.merchantcityinn.com, Busse Glassford Street, DZ ab ca. 50 £

My home is my castle
The Sherbrooke Castle Hotel
🏠 C 6/7
Stolz weht die schottische Fahne über dem »Burg«-Turm und das Castle hat hoch über der Straße in der Gartenstadt Pollokshields eine prominente Lage. Erbaut 1896 von dem Bauunternehmer John Morrison im Baronialstil bietet das Hotel heute stilvolle Unterkunft wie in einem kleinen Landschlösschen. Das Sherbrooke ist auch bei Hochzeiten und anderen Feiern sehr beliebt – mit Restaurant. Der Bahnhof Dumbreck liegt direkt vor der Tür.
11 Sherbrooke Avenue, T 0141 427 42 27, www.sherbrookecastlehotel.com, Bahnhof Dumbreck, DZ ab 185 £

Am Queens Park
Number 10 Hotel 🏠 südl. G 8
Am nordöstlichen Ende des Queen's Park im Süden der Stadt genießt das sehr stattliche Haus eine ruhige Lage in Crosshill, eher abseits der Hauptrouten. Das Restaurant ist dezent, aber an Wochenenden steigen bei Hochzeitsbuchungen die Preise schonmal deutlich.
10–16 Queen's Drive, T 0141 424 01 60, www.10hotel.co.uk, Bahnhof Crosshill, DZ ab ca. 90 £

Mehr als Fish'n'Chips

Die Stadt am Clyde hat gastronomisch eine atemberaubende Entwicklung hingelegt. Schon lange brachten exzellente indische und italienische Lokale internationales Flair in die Szene, heute ist immer öfter auch innovative schottische Küche mit regionalen Zutaten angesagt. Dazu kommt eine Vielfalt von studentischen Cafés sowie eine gute Auswahl an vegetarischen/veganen Lokalen.

Vorbei die Tage, in denen vor allem schottische Dauerbrenner wie Fish'n'Chips, fleischhaltige Pasteten und schon zum Frühstück fettige Würstchen auf den Tisch kamen. Das findet sich zwar immer noch, doch vielerorts werden das heimische Lamm, Rind und Wild exzellent und kreativ zubereitet. Dazu kommen fangfrische Fische und Meeresfrüchte sowie leckerer Käse aus Farmhaus-Käsereien.

Fest verankert ist seit Jahrzehnten die indische Küche in Glasgow, der Curry-Hauptstadt von Schottland. Hier finden sich auch viele vegetarische und oftmals vegane Speisen. Vegane Küche ist ohnehin immer öfter anzutreffen. Eine Besonderheit sind natürlich die großartigen Mackintosh-Teehäuser. Die Qualitätsrevolution hat auch die Getränke erreicht: Neben den hochprozentigen Single Malts (▶ S. 106) sind Craft Beers stark im Kommen.

Hauptgerichte kosten derzeit zumeist 10–20 £, Steaks und Meeresfrüchte auch mehr. Mittags (lunch) und zumeist 17–18.30 Uhr (pre-theatre) gibt es wochentags günstige Menüs. 10 % tip sind üblich als Trinkgeld.

ZUM SELBST ENTDECKEN

Da sich die interessanten Stadtviertel von Glasgow recht breit streuen, gibt es auch mehrere Gastroviertel. Im Zentrum ist die **Merchant City** ein überschaubares Viertel mit einer hohen gastronomischen Dichte. Der **Innenstadtbereich** zwischen Buchanan Street und Hope Street verfügt ebenfalls über zahlreiche Lokale und Gastro-Pubs. Weiter draußen sind im **West End** die Great Western Road, die Byres Road sowie die Argyle Street und Sauchiehall Street gute Adressen. **Südlich des Clyde** ist vor allem die Pollokshaws Road zwischen Tramway und Queen's Park eine Empfehlung, wenn man gerade im Süden ist.

Moderne und gesunde Küche ist auch in Glasgow in.

Feinkostbäcker im West End
Kember & Jones ⓘ C 1

Das relaxte und sehr nette Café mit Bäckerei und Feinkostladen liegt mitten im Szeneviertel Hillhead. Hier lässt sich gut frühstücken, mit starkem Kaffee sowie leckeren Scones, Muffins, Croissants und Sandwiches. Später gibt es auch gesunde Salate sowie selbstgebackenen Kuchen. An der großen Glasfront stehen drei kleine Tische, hinten auf der Empore und auf dem Bürgersteig noch weitere – das K&J ist zu Recht sehr beliebt!

134 Byres Road, T 0141 337 38 59, www.kemberandjones.co.uk, Subway Hillhead, Bus 4 Caledon Lane, Mo–Fr 8–22, Sa 9–22, So 9–18 Uhr

Studicafé mit Ausblick
Offshore ⓘ D 2

Schönes helles Eckcafé mit großen Fenstern nur wenige Schritte vom Kelvingrove Park. Hier sitzen oft Studis, checken ihre Mails, arbeiten an Referaten, plaudern oder lesen einfach ein Buch. Im Offshore können Sie sehr gut entspannen und den Passanten zuschauen. Zu essen gibt es nur kleines Frühstück und Snacks.

3/5 Gibson Street, T 0141 341 01 10, Bus 4 Park Road, Mo–Fr 8–21, Sa/So 9–20 Uhr

Frischer Brotduft in der Nase
Cottonrake Bakery ⓘ D 1

Zwar gibt es nur sehr wenige Sitzplätze an der Fenstertheke, aber die selbstgebackenen Vollkornleckereien (z. T. auch bio) sorgen für viel Kundschaft, die sich schon auf dem Weg zur Arbeit oder zur Uni hier eindeckt. Neben sehr guten Broten, Baguettes und Croissants gibt es auch verlockende Plätzchen, Obsttörtchen und Brownies. Zum Mitnehmen liegen dick belegte Gourmet-Paninis in der Theke – das immer wohlduftende Cottonrake ist ein echter Tipp.

497 Great Western Road, www.cottonrake.com, Bus 6 Great Western Road/Hamilton Park Ave., Mo–Sa 8–18, So 9–18 Uhr

Kaffee im Internet
iCafé ⓘ E 2 bzw. Karte 2, G 4

Internetcafés sind oftmals extrem spartanisch und unfreundlich eingerichtet – nicht so die beiden Filialen des iCafé im West End sowie die Filiale in der Merchant City. Hier kann man auch bequem sitzen, durch die hohen Fenster fällt viel Licht und es gibt guten Kaffee sowie einige Snacks. Internetzugang an den Computern kosten 2 £/Std.

223 Great Western Road, T 0141 572 07 86, tgl. 8.30–21.30 Uhr; 250 Woodlands Road, T 0141 353 64 69, tgl. 8.30–21.30 Uhr; 72 Ingram Street, T 0141 548 69 02, Mo–Sa 7–22, So 8–22 Uhr; alle: www.icafe.uk.com

Helles Café im Sandsteinbau
McCune Smith Café ⓘ Karte 2, H 4

Der rote Sandsteinbau auf halbem Weg zwischen Merchant City und Kathedrale wirkt fast schon wie eine Insel aus vergangenen Tagen. Das helle Café wird gerne von Studis aufgesucht und serviert morgens klassisches Cooked Breakfast, aber auch vegane Optionen sowie Müsli und Porridge (schottischer Haferbrei). Eher abseits der Touristenrouten ist die Stimmung sehr relaxt. Der Name des Café verweist übrigens auf James McCune Smith, der 1837 als erster Afroamerikaner in Glasgow zum Arzt ausgebildet wurde.

3/5 Duke Street, T 0141 548 11 14, www.mccunesmith.co.uk, Bus 41 Duke Street/Burrells Lane, Mo–Fr 8–16, Sa 9–17, So ca. 11–15 Uhr

Olivenbaum in Kirche
The Wild Olive Tree ⓘ Karte 2, E 3

Wer geht schon in eine aktive Kirche zum Kaffeetrinken? Doch in der 200 Jahre alten St George's Tron Church ist mitten im Kirchenraum eines der stimmungsvollsten Cafés der Innenstadt entstanden. Hier wird viel Wert of Nachhaltigkeit gelegt. Fast alle Produkte in dem social enterprise sind fair gehandelt, das Brot kommt von der Freedom

Satt & glücklich

Bakery aus einem Gefängnis, der Kaffee wird bei Dear Green Coffee geröstet. Ein Gedicht sind die selbstgebackenen Scones, dazu gibt es Kuchen, Suppe und im Sommer auch Salate. Vergessen Sie einfach die Hektik der Shoppingmeile.

Nelson Mandela Place/Buchanan Street, Subway Buchanan Street, Busse George Square/Renfield Street/St Vincent Place, Mo–Sa 10.30–16.30 Uhr

Aus der eigenen Bäckerei
Singl-end Cafe & Bakehouse Karte 2, F 4 bzw. A 1

Viele der selbsthergestellten Backwaren sind bio und vegan, dazu kommen leckere Scones, Kuchen und auch Bio-Porridge. Morgens wird Frühstück serviert und die Lunch-Angebote sind an beiden Standorten sehr populär. In Garnethill kann es mittags im Souterrain deshalb sehr voll werden. Darüber befindet sich übrigens der nette Workshop der Glasgow Guild.

Merchant City: 15 John Street, T 0141 552 44 33, Busse George Square/Glassford Street, Mo–Fr 8–17, Sa/So 9–17 Uhr; Garnethill: 265 Renfrew Street, T 0141 353 12 77, Bus 3, 4 Sauchiehall Street/King's Theatre, Mo–Fr 9–17, Sa/So 9–17 Uhr; beide: www.thesingl-end.co.uk, Lunch ca. 4,50–9 £

Bioladen alter Schule
Roots, Fruits & Flowers E 1

An der Great Western Road gibt es in dem Bioladen (▶ auch S. 99) schon morgens in rustikalem Ambiente leckeres Vollwert-Frühstück, auch die Salattheke ist verlockend. Zum Lunch werden dann Paninis, Suppe und Fishburger serviert. Das Ganze ist schnörkellos, aber lecker. Wenige Schritte weiter ist das V&V eine komplett vegane Alternative.

451–457 Great Western Road, T 0141 339 58 17, www.rootsfruitsandflowers.com, Bus 6 Great Western Road/Hamilton Park Ave., Mo–Fr 7.30–19.30, Sa 7.30–19, So 9–18.30 Uhr, Lunch 3,50–7 £

Feinkost mit Küche
Sonny + Vito's E 1

Mit Blick auf die Thistle Gallery werden an den rustikalen Holztischen nicht nur Fairtrade-Kaffee und Kuchen, sondern mittags auch Suppen und Sandwiches serviert. Die Stimmung bei den Pelosis ist freundlich, nett und hell – hier rücken alle Gäste etwas zusammen; kleine Feinkostecke.

52 Park Road, T 0141 35 70 640, Bus 6 Great Western Road/Lansdowne Crescent, Mo–Sa 9–18, So 10–18, Gerichte 6,70–8,50 £

Kulinarische Tradition rund um die City Halls versprüht das City Merchant.

SCHOTTISCHE KÜCHENKLASSIKER

Die traditionelle schottische Küche verarbeitet vor allem die heimischen Fleisch- und Fischsorten sowie Gerste und Hafer. Manche Klassiker sind recht fett- und cholesterinhaltig. Das fängt schon beim Frühstück an.

Full Scottish Breakfast

Nach einer guten Schale *porridge* (warmer Haferbrei) gibt es *sausages* (Würstchen), *bacon* (Schinkenspeck), *scrambled/boiled eggs* (Rührei/gekochtes Ei), *fried tomatoes/mushrooms* (frittierte Tomaten/Pilze) sowie *hash browns* (warme Kartoffelrösti) und *potato scones* (kalte Kartoffelfladen). Dazu wird weißer oder brauner Toast gereicht. Vielerorts wird inzwischen eher auf Müsli, Obst und Joghurt sowie Toast und Marmelade/Honig umgestellt.

Klassische Tellergerichte

Dazu zählen natürlich Fish'n'Chips, wobei hier zumeist *haddock* (Schellfisch) gewählt wird. Urschottisch ist auch *Haggis, neeps and tatties*: Schafsinnereien mit zerstampften Steckrüben und Kartoffeln. Haggis gibt es übrigens auch in einer sehr leckeren vegetarischen Variante. Sehr fleischhaltig ist der *Steak and Kidney Pie*: Rindfleisch- und Nieren-Pastete. Wesentlich leichter ist da schon *lamb with mint sauce*: Lamm mit Minzsoße. Unter den Fischen war Hering früher allgemein verbreitet (weil billig). Heute ist Hering in Hafermehl gewendet *(herring in oatmeal)* eine seltene Delikatesse.

Süßes

Zum Nachtisch ist *cranachan* ein traditionelles Dessert aus Himbeeren mit Schlagsahne, Whisky und geröstetem Hafermehl. Aus Hafermehl werden auch die *oatcakes* hergestellt. *Shortbread* ist ein butterhaltiges Gebäck, während *scones* ein muffinähnliches Teegebäck sind, das mit Butter und Marmelade gegessen wird. Scones gehören zu einer richtigen schottischen Tee- oder Kaffeepause einfach dazu.

Essen im Pub

In Glasgow ist es wie in ganz Großbritannien üblich, dass viele Pubs auch Speisen anbieten. Zumeist ist die Speisekarte ähnlich rustikal wie der Pub, sodass sich hier eher traditionelle herzhafte Hausmannskost findet. Wer also authentische schottische Gerichte ohne viel Firlefanz oder moderne Fusion-Extras probieren möchte, sollte einfach zulangen. Klassische Gastro-Pubs in Glasgow sind z. B. das Drum & Monkey (▶ S. 105), The Counting House (▶ S. 105), The Bon Accord (▶ S. 107) sowie das West (▶ S. 106).

Gastroführung – Eat Walk Glasgow

Wer kulinarische Kostproben schottischer Delikatessen mit einer informativen Stadtführung (auf Englisch) verbinden möchte, ist bei Alan Chalmers genau richtig. Auf der Route von der Central Station in die Merchant City werden in gut dreieinhalb Stunden fünf Restaurants/Bars angesteuert, um die gastronomische Vielfalt Schottlands zu demonstrieren. So können die Gäste in kurzweiliger Atmosphäre von Haggis bis zu Austern und Käse einen guten Querschnitt durch typisch schottische Delikatessen verkosten. Dazu gibt es auch schottisches Bier und einen Whisky. Für Vegetarier/Veganer werden Alternativen angeboten, und natürlich auch nicht-alkoholische Getränke serviert. Infos/Anmeldung: T 07740 86 93 59, www.eatwalkglasgow.co.uk, Führungen (je nach Bedarf) tgl. um 13.30 Uhr, plus Mo–Do 17 Uhr, 65 £

Fleischlose Häppchen aus Indien
Ranjit's Kitchen 🍴 F 8

Im Süden von Glasgow – praktisch zwischen Pollokshields und dem Queen's Park – wird in einem kleinen fast unscheinbaren Lokal sehr leckeres vegetarisches und veganes Streetfood angeboten. Ranjit Kaur stammt aus dem Punjab und ist Sikh. An vier einfachen Gemeinschaftstischen werden leckere Klassiker, aber auch süße Verlockungen serviert, wie z. B. Barfi, eine Art Karamellfudge. Dazu gibt es Panjali Cha-Tee (auch mit Ingwer) – wer in der South Side ist, sollte hier vorbeischauen. 607 Pollokshaws Road, T 0141 423 82 22, www.ranjitskitchen.com, Bus 3 Pollokshaws Road/Strathbungo Parish Church, Di–So 12–20.30 Uhr, Gerichte 4–5 £, Thali-Teller 9,50 £

HAVE A CUP OF TEA

Tee gehört fest zur schottischen Kultur, auch wenn Kaffee dem Tee langsam den Rang abläuft. Glasgow hat aus zwei Gründen zu Tee nochmal einen besonderen Bezug: Schon im 19. Jh. segelten viele Teeklipper mit ihrer kostbaren Fracht nach Glasgow. Sie konnten den Clyde z. T. bis zu zwei Wochen schneller erreichen als London. Vielleicht war dies einer der Gründe, warum gerade in Glasgow eine derart ausgeprägte Teehaus-Kultur entstand. Zunächst war es Stuart Cranston, dann aber vor allem seine Schwester Kate, die durch ihre Kooperation mit dem Jugendstil-Architekten Charles Rennie Mackintosh ihre Tea Rooms auch designmäßig zu einem echten Gesamtkunstwerk machte. Lange wurde diese Tradition selbst in Glasgow vollkommen missachtet und die meisten Teehäuser verschwanden oder wurden gar abgerissen. Doch mittlerweile stehen mit dem Mackintosh at the Willow (▶ S. 46) sowie zwei weiteren nachempfundenen Willow Tea Rooms (▶ S. 39) im Zentrum wieder mehrere gute Mackintosh-Adressen zur Auswahl. Sehr nett sind zudem der Hidden Lane Tearoom in Finnieston (Hidden Lane/1103 Argyle Street, T 0141 237 43 91, www.hiddenlanetearoom.com, Mo–Fr 10–17.30, Sa 10–18, So 12–18 Uhr). Klassisch als Teehaus aufgemacht ist The Tea Rooms @ the butterfly and the pig (151–153 Bath Street, T 0141 243 24 59, www.thebutterflyandthepig.com, tgl. 8.30–20 Uhr).

Versteckt in Finnieston: Hidden Lane Tea Room

INSTITUTIONEN UND SZENETREFFS

Köstlich im East End
Nakodar Grill 🍴 K 4

Das freundliche Nachbarschaftsrestaurant im East End serviert gute – und zu Recht prämierte – indische Küche. Von den Übernachtungsadressen in Dennistoun ist das Nakodar nur einen Steinwurf entfernt. Sehr günstig sind die leckeren Mittagsgerichte, da auch das Nakodar wie fast alle Inder mittags Preisnachlässe gewährt – der Abstecher lohnt sich z. B. nach einem Brauereibesuch bei Tennent's (▶ S. 34).

13 Annfield Place, T 0141 556 44 30, www.nakodargrill.com, Bus 41, 46, 60, 90 Duke Street/Annbank Street, tgl. 12–15, So–Do 17–22, Fr/Sa 17–23 Uhr, Lunch 5–6 £, abends 7,50–20 £

Exquisit in der Merchant City
Café Gandolfi 🍴 Karte 2, G 5

Gegenüber vom Merchant Square und von den City Halls war das Gandolfi eine der ersten Adressen, die Ende der 1970er-Jahre eine Renaissance der schottischen Küche einleitete. In rustikalem Holzdesign kommen im ehemaligen Käsemarkt schottische Spezialitäten wie die Fischsuppe Cullen Skink, torfgeräucherter Lachs, Arbroath Smokies oder auch Haggis auf den Tisch. Dazu gesellen sich saisonale Gerichte auf der Speisekarte. Nebenan gibt es mit Gandolfi Fish sowie dem Fish'n'Chips-Laden Fish to go gleich zwei Fischexperten.

64 Albion Street, T 0141 552 68 13, www.cafegandolfi.com, Busse Glassford Street, Mo–Sa 8–22.30, So 9–22.30 Uhr, Hauptgerichte 9–16,50 £

Rustikales Ambiente
City Merchant 🍴 Karte 2, F 5

Auch auf der anderen Seite der City Halls ist die Einrichtung aus rustikalem Holz. An den Wänden hängt maritime Deko und alles wirkt ein wenig wie eine Kneipe. Auf den Tisch kommt alles von Meeresfrüchten und Fisch bis zu Wild – ein weiterer Oldie im Viertel.

97/99 Candleriggs, T 0141 553 15 77, www.citymerchant.co.uk, Busse Glassford Street, Mo–

Sa 12–22 Uhr, Hauptgerichte 14–28 £ (mittags günstiger)

Muscheln, Austern & Co.
Mussel Inn 🍴 Karte 2, D 3

Ohne viel Firlefanz, dafür sehr leckere Muscheln in verschiedenen Soßen vom Spezialisten, auch Austern und Fischgerichte. An der schottischen Westküste werden erstklassige Austern gezüchtet, sodass man hier auf Importe komplett verzichten kann. Mittags gibt es zudem einige günstige Deals. Mitten im repräsentativen Viertel der vorletzten Jahrhundertwende ist das Mussel Inn ein sehr angenehmes Bistro.

157 Hope Street, T 0141 572 14 05, www.mussel-inn.com, Busse Hope/St Vincent Street, Hauptgerichte 11,50–30 £ (mittags günstiger)

Klassisch italienisch
Pulcinella 🍴 Karte 2, D 3

Italienische Küche hat in Glasgow eine lange Tradition. So bringt das Pulcinella in der westlichen Innenstadt ganz klassisch solide Pizza und Pasta ohne viel Schnörkel zu günstigen Preisen auf den Tisch. Wer Sehnsucht nach einer guten Portion Pasta hat, liegt hier genau richtig. Nur wenige Schritte vom Mussel Inn (▶ oben).

167 Hope Street, T 0141 572 05 75, www.pulcinella.co.uk, Busse Hope/St Vincent Street, Mo–Do 12–14, 17–22, Fr–So 17–22 Uhr, Pizza/Pasta 7–10,50 £, Hauptgerichte bis 22 £

Zwei fette Damen
Twofatladies 🍴 Karte 2, C 2

Hinter dem außergewöhnlichen Restaurantnamen stecken nicht etwa zwei übergewichtige Damen, sondern ein Ausdruck aus der Bingo-Sprache. Seit 2002 betreibt der heimische Gastronom Ryan James mehrere Filialen. Das Lokal am Blythswood Square ist recht klein, aber sehr gemütlich – und die Küche konzentriert sich auf moderne, hochwertige schottische Spezialitäten.

118A Blythswood Street, T 0141 847 00 88, www.twofatladiesrestaurant.com, Bus 2 Douglas Street, Bus 3 Sauchiehall Lane, Mo–Sa 12–14.30, 17–22, So 13–21 Uhr, Hauptgerichte 19–27 £ (mittags bzw. bis 18.15 Uhr günstiger)

Think global, eat local
Stravaigin 🔴 D 2

Eine der kulinarischen Topadressen Glasgows findet sich im West End in sympathischer Kneipenatmosphäre. Wo immer möglich wird auf regionale Zutaten zurückgegriffen, darunter Lamm, Fisch und Muscheln. Mit leckeren Curries und vegetarischen Spezialitäten ist die Karte sehr abwechslungsreich. Auf der linken Seite befindet sich das Bistro, unten das Restaurant und rechts die eigentliche Kneipe; sehr stimmungsvoll. Abends besser reservieren.

28 Gibson Street, T 0141 334 26 65, www.stravaigin.co.uk, Bus 4 Park Road, Hauptgerichte 13–28 £

Seafood in Pub-Ambiente
The Finnieston 🔴 D 3

Zu den stimmungsvollen Adressen im Szeneviertel Finnieston gehört eindeutig das namensgleiche Lokal. Im einladenden Pub-Stil stehen gehobene Fisch- und Meeresfrüchte-Gerichte auf dem Programm, während es mittags einfacher zugeht. Viele Zutaten kommen aus der Region, bzw. von der Westküste (z. B. die Austern). Di/Mi gibt es Fisch- bzw. Muschel-Specials für zwei Personen; besser reservieren.

1125 Argyle Street, T 0141 222 28 84, www.thefinniestonbar.com, Bus 2 Argyle Street/Berkeley Street, Küche tgl. 11–21.45 Uhr, Hauptgerichte 13–23 £

···

EXPERIMENTIERFREUDIG UND UNGEWÖHNLICH
···

Russische Delikatessen
Cossachok 🔴 Karte 2, F 5

Im Kulturzentrum Trongate 103 hat sich unterhalb des Sharmanka (▶ S. 26) eine sympathische russische Gastro-Oase angesiedelt. Hier kommen russische Klassiker wie Borschtsch, Pelmeni (mit Fleisch gefüllte Teigtaschen) sowie Blini (eine Art Eierkuchen) auf den Tisch. Es gibt auch vegetarische Varianten. Abgerundet wird das Angebot durch regelmäßige Ausstellungen und Musikevents – mal etwas Anderes!

10 King Street, T 0141 553 07 33, www.cafecossachok.com, Busse Trongate, tgl. 12–23 Uhr, Hauptgerichte 8,50–15 £ (mittags günstiger)

Unter dem Bahnhofsbögen
Platform Independent Streetfood Market 🔴 Karte 2, C 5

Selbst für Glasgow ist die Location ungewöhnlich: 2018 zog in den ehemaligen Arches-Club unter der Central Station ein hipper Streetfood-Markt ein. Weil der Bahnhof erhöht ist, gelangt man ebenerdig in den großen Gewölbebereich. Gleich am Eingang hat der Kaffeeröster Thomson seine Zelte aufgeschlagen, dahinter öffnen sich Fr–So die Türen für ein halbes Dutzend Essensstände und eine Bar. Die Gäste sitzen an langen Tischen, freitags kostet mittags alles fünf Pfund. Alle zwei Wochen gibt es zudem einen kleinen Flohmarkt im hinteren Teil.

253 Argyle Street, www.argylearches.co.uk, Subway St Enoch, Busse Argyle/Union Street, Thomson Coffee: Di–So 10–22 Uhr, Platform Streetfood: Fr/Sa 12–22, So 12–18 Uhr

Kultbistro im West End
Ox & Finch 🔴 D 3

Das große, helle Eck-Lokal gehört zu den angesagtesten Restaurants der Stadt. Das Ganze wirkt in dem hohen Raum mit wandhohen Fenstern wie ein Bistro-Café. Das Interieur ist modern mit einer Mischung aus Stuckdecke, offenen Rohren und langen Weinregalen. Dazu kommen erstklassige schottische Tapas-Gerichte auf den Tisch, sodass man mehrere Spezialitäten bestellen kann. Ein Plus: Es gibt gesonderte vegetarische und vegane Speisekarten. An Wochenenden besser reservieren.

920 Sauchiehall Street, T 0141 339 86 27, www.oxandfinch.com, Bus 3, 77 Sauchiehall Street/Derby Street, Küche tgl. 12–21.45 Uhr, Tapas-Gerichte 4,50–14 £

Kreatives vom indischen Subkontinent
Mother India's Café 🔴 D 2

Das sehr schöne und gemütliche Restaurant mit Blick auf das Kelvingrove Museum konzentriert sich ganz auf

Vietnamesisches Streetfood im West End: Hanoi Bike Shop

innovative und kreative indische Schöpfungen in Tapas-Größe. So kann man in Ruhe mehrere Highlights probieren, wobei Besitzer Monir Mohammed eine sehr gute Auswahl an Fleisch-, Fisch- und vegetarischen Gerichten präsentiert. Abends kommt es an Wochenenden auch schon mal zu Warteschlangen, denn die Glaswegians lieben gute indische Küche.

Angeschlossen sind nebenan das Dining In/The Den mit indischem Feinkostladen sowie ein weiteres Mother India im West End (28 Westminster Terrace/Sauchiehall Street).

1355 Argyle Street, T 011 339 91 45, www.motherindia.co.uk, Bus 2, 3, 77 Argyle Street/Kelvingrove Art Galleries, So–Do 12–22, Fr/Sa 12–22.30 Uhr, Gerichte 4–7 £

Spanisch-schottische Freundschaft
Elena's 🟣 C 2

Die aus dem nordspanischen Santander stammende Elena Xavier hat mit ihren regional verankerten kantabrischen Tapas offenbar in Glasgow genau den richtigen Ton getroffen. Wenige Meter vom Kelvingrove Museum werden in gemütlicher Atmosphäre auch die passenden Weine ausgeschenkt und an Wochenenden gibt es oft Live-Musik (u. a. mit Flamenco-Gitarre). Für das anspruchsvolle Konzept erhielt Elena's 2018 den ersten Preis bei den Scottish Food Awards, olé!

90 Old Dumbarton Road, T 0141 237 47 30, www.elenastapas.com, Bus 2, 3, 77 Argyle Street/Kelvingrove Art Galleries, Küche tgl. 12–21.30 Uhr, Tapas 3,50–8 £ (Mo–Fr mittags günstiger)

Vietnamesisches Streetfood
Hanoi Bike Shop 🟣 C 1

In einem Durchgang zu einem Hinterhofgelände mit weiteren Gastroadressen und diversen Second-Hand-Läden verlassen Sie Schottland und landen mitten in Vietnam. Der Hanoi Bike Shop orientiert sich an vietnamesischer Straßenküche. Die Mischung aus buntem Szenelokal und leckerer und vergleichsweise günstiger Küche kommt gut an. Das Tofu ist bio und passend zum Zeitgeist findet dienstags immer eine »vegan revolution« statt. Stilecht gibt es Jasmintee und Hanoi-Bier.

8 Ruthven Lane (Byres Road), T 0141 334 71 65, www.hanoibikeshop.co.uk, Subway Hillhead, Mo–Do 12–23, Fr/Sa 12–0.30, So 11–23 Uhr, Hauptgerichte 6–13 £

Shopping auf schottisch

Glasgow ist ein vielfältiges Shoppingpflaster, das sowohl sehr günstige Angebote wie auch sehr exklusive aufzuweisen hat. Die Bandbreite ist enorm und wesentlich weniger auf Touristen ausgerichtet als z. B. in Edinburgh. Dementsprechend muss man sich hier schon etwas mehr umschauen, um z. B. qualitativ hochwertige Wollerzeugnisse aus Schottland zu finden. Pullover, farbenfrohe Schals oder Decken sind sehr gute Mitbringsel. Eine Besonderheit ist der hochwertige Harris Tweed von den Äußeren Hebriden. Oder wollen Sie sich doch lieber einen Kilt schneidern lassen?

Gute Whisky-Geschäfte drängen sich nicht sofort auf. Schottlands Exportschlager Nr. 1 können Sie abgesehen von den Supermarkt-Angeboten in einigen wenigen Fachgeschäften erwerben und sich dabei in Ruhe beraten lassen. Wer sich musikalisch betätigen möchte, findet in Glasgow natürlich auch klassische Dudelsäcke.

Kulinarisch sind Shortbread, Fudge, Oatcakes, aber auch Farmhaus-Käse, geräucherter Fisch sowie leckere Chutneys, Orangenmarmelade und Honig interessante Optionen zum Mitnehmen.

Generell ist sehr angenehm, dass die Innenstadt von Glasgow so attraktiv ist. So konnte sie sich bislang gut gegen mögliche Konkurrenz in den Vororten behaupten. In der Stadt dreht sich noch viel um die Fußgängerzone Buchanan Street.

Öffnungszeiten: Mo–Sa ca. 9/10–17.30/19 Uhr (Do auch bis 20 Uhr), So ca. 11–17 Uhr.

ZUM SELBST ENTDECKEN

Wer durch die Kaufhäuser und Geschäfte der Innenstadt ziehen will, sollte zunächst einfach mal über die zentrale Fußgängerzone **Buchanan Street** bummeln. Dieses geballte Einkaufsangebot mitten im Zentrum bietet auf derart fußgängerfreundliche Weise keine andere Stadt in Schottland. Hauptanziehungspunkte sind die beiden großen Einkaufszentren Buchanan Galleries (www.buchanangalleries.co.uk) am Nordende der Fußgängerzone sowie das St Enoch Centre (www.st-enoch.com) am Südende.

Neben dem Zentrum ist vor allem das **West End** eine gute Adresse für kleine, inhabergeführte Fachgeschäfte. Viele Läden finden sich an der Great Western Road, an der Byres Road sowie rund um das westliche Ende der Argyle Street.

Entspannt shoppen in der Buchanan Street

BÜCHER, MUSIK UND KUNST

Wunderbares Antiquariat
Caledonia Books 🅰 D–E 1
Unmittelbar westlich der Kelvin-Brücke an der Great Western Road führt das weitläufige Antiquariat viel schottische Literatur – aber auch internationale Klassiker und Belletristik, Kinderliteratur und Science Fiction stehen in den Regalen.
483 Great Western Road, T 0141 334 96 63, www.caledoniabooks.co.uk, Subway Kelvinbridge, Bus 6 Great Western Road/Hamilton Park Ave., Mo–Sa 10.30–18 Uhr

Gut sortierter Buchhändler
Waterstones 🅰 Karte 2, D 5
Die größte landesweite Buchhandelskette unterhält in Glasgow gleich drei Filialen. Im Stadtzentrum erstreckt sich die Filiale an der Argyle Street über drei Ebenen und führt eine sehr große Auswahl an aktuellen schottischen und britischen Titeln. Im 1. Obergeschoss gibt es auch ein Café.
Die beiden anderen Filialen befinden sich in 153–157 Sauchiehall Street sowie in 351–355 Byres Road.
174–176 Argyle Street, T 0141 248 48 14, www.waterstones.com, Subway/Busse St Enoch, Mo–Fr 9–19, Sa 9–18, So 11–18 Uhr

Die musikalische Saite
Glasgow's Violin Shop 🅰 D 3
Nicht nur in der klassischen Musik, auch in der Folkmusik sind fiddles ein sehr wichtiges Instrument. Und für eine Unesco-Weltstadt der Musik ist eine breite Auswahl an Instrumenten absolut wichtig. Der renommierte Violin Shop im West End ist deshalb eine sehr gute Anlaufstelle für Geigen, Celli und Kontrabässe. Selbstverständlich werden hier auch Saiteninstrumente repariert. Schräg gegenüber ergänzt The Saxophone Shop das musikalische Angebot erheblich.
7–11 Blackie Street, T 0141 339 80 78, www.theviolinshop-glasgow.co.uk, Bus 2, 3, 77 Argyle St/Kelvingrove Art Galleries, Di–Fr 10–18, Sa 10–17 Uhr

Glas und Gemälde
Annan Gallery 🅰 E 2
Rund zehn Gemäldeausstellungen verschiedener, zumeist schottischer Künstler bringen Susan und Scott Bennett jährlich in ihre reizende Galerie im West End. Dazu kommen hochwertige zeitgenössische Glas- und Keramikstücke, die allesamt zum Verkauf stehen. Die Bennetts leiten ihre Galerie sehr engagiert und sind ein Lichtpunkt an der Woodlands Road. Ein Besuch lohnt sich auch nur zum Anschauen.
164 Woodlands Road, T 0141 332 00 28, www.annanart.com, Bus 4 Woodlands Road/Burnbank Bowling Club, Di–Mi, Fr 10–17, Do 12–20, Sa 10–17.30, So 12–16 Uhr

Künstlerische Distel
Thistle Gallery 🅰 E 2
Auch die »Distel«-Galerie hat sich der Förderung zeitgenössischer schottischer KünstlerInnen verschrieben und im Umfeld der Glasgow School of Art ist ein ständiger Zuwachs an jungen Talenten garantiert. Carol Cunbar öffnete die Galerie im West End 2013 und präsentiert neben Gemälden auch anspruchsvolles Kunsthandwerk ganz unterschiedlicher Richtung. Ein weiterer Lichtblick im Viertel, direkt gegenüber vom Sonny + Vito's (▸ S. 92).
56 Park Road, T 0141 334 34 44, www.thistle-gallery.com, Subway Kelvinbridge, Bus 6 Great Western Road/Lansdowne Crescent, Di–Sa 10–17, So 12–17 Uhr

DELIKATESSEN UND LEBENSMITTEL

Brot und Süßes
Wer in Glasgow gutes Brot und leckere Scones sucht, und das womöglich noch in Bioqualität, sollte zu Kember & Jones (▸ S. 91), zur Cottonrake Bakery (▸ S. 91) sowie zum Singl-end Cafe & Bakehouse (▸ S. 92) gehen.

Bio und gesund
Roots, Fruits & Flowers
🅰 D 1 bzw. D 3
Gleich zweimal ist der klassische Bioladen im West End vertreten. An der Great

MARKTLEBEN IN GLASGOW

Große Wochenmärkte und Markthallen gibt es in Glasgow zwar nicht, aber es finden sich mehrere nette kleine Bauern- und Kunstmärkte sowie vor allem der größte Flohmarkt Schottlands. Im Winter kommen dann noch zwei Weihnachtsmärkte im Zentrum hinzu.

The Barras 🕮 J 5

Schottlands größter Flohmarkt ist eine bunte Trödelwelt im East End zwischen Gallowgate und London Road. Inmitten der fortschreitenden Sanierung des alten Arbeiterviertels wirkt das Gelände inzwischen fast wie eine Insel aus vergangenen Zeiten. Um den Anschluss an modernere Zeiten zu wahren, gibt es mittlerweile auch ein höherwertiges Art & Design Centre. Für Trödelfans unbedingt lohnenswert. 244 Gallowgate, www.glasgow-barrowland.com, Bus 18 London Road, Bus 2, 60, 61 Ross Street, Sa/So 10–17 Uhr

Partick Farmers' Market 🕮 C 2

Kleiner, sympathischer Markt an der Dumbarton Road im westlichen Stadtteil Partick, wenige Meter von der Metrostation Kelvinhall. Hier werden an bis zu 30 Ständen Brot, Obst, Gemüse, Käse, Marmelade, Fisch, Meeresfrüchte, Fleisch, Pasteten etc. angeboten. Alles ist hochwertig von regionalen Erzeugern und man kann auch probieren. Leider fehlt ein

Kaffeestand zum längeren Verweilen, aber Selbstversorger finden hier manche Delikatesse. An den beiden anderen Samstagen findet an der Pollokshaws Road in Langside, ganz im Süden, ein kleinerer Markt statt. Mansfield Park Square (Dumbarton Road), www.citypropertymarkets.co.uk/markets, Subway Kelvinhall, Bus 2, 3, 77 Dowanhill Street, jeden 2. und 4. Sa/Monat, 10–14 Uhr

Kleinere Spezialmärkte

In den Arches (253 Argyle Street, 🕮 Karte 2, C 5) findet zweimal monatlich, vor allem sonntags, in den Bögen unter der Central Station der bunte Super Market Glasgow mit Retro-Mode, Antiquitäten, Design und dem Platform Street Food Market (► S. 96) statt (Termine: www.theglasgowmarkets.com).
In der Drygate Craft-Beer-Brauerei (🕮 Karte 2, J 4) zwischen Duke Street und Necropolis stellen an jedem 1. So/Monat örtliche Designer und Künstler ihre Waren auf dem Urban Market aus (Infos: ► Drygate, S. 107).

Glasgow liebt Weihnachten

Weihnachtsmärkte starten ab Ende November auf dem George Square (🕮 Karte 2, E 3) sowie ab Mitte November auf dem St Enoch Square (🕮 Karte 2, D 5) am Südende der Buchanan Street (Infos und Termine: www.glasgowloveschristmas.com).

Western Road wird neben dem Ladenbetrieb auch Essen angeboten (► S. 92), während an der Argyle Street der Ladenbetrieb mit viel Obst, Gemüse und Brot aus dem Bavaria Bakehouse im Vordergrund steht. Hier kann man sich gesund eindecken.
451–457 Great Western Road, Subway Kelvinbridge, Bus 6 Great Western Road/Hamilton Park Ave.; 1137 Argyle Street, Bus 2 Argyle Street/Berkeley Street; beide: T 0141 334 35 30, www.

rootsfruitsandflowers.com, Mo–Fr 7.30–19.30, Sa 7.30–19, So 9–18.30 Uhr

Alles Käse
George Mewes 🅰 C 1

Der Spezialist für schmackhaften Käse aus Schottland wird von kleinen »Farmhaus«-Käsereien beliefert. Ob der Lanark Blue ganz aus der Nähe von Glasgow oder der Anster aus Fife, bzw. die Isle of Mull Cheddar von der Westküste – hier können Sie feine

Alles, was das Trödlerherz begehrt: der Flohmarkt The Barras

schottische Spezialitäten probieren und für ein nettes Picknick einkaufen. Dazu werden u. a. oatcakes sowie Marmelade und Chutney verkauft.

106 Byres Road, T 0141 334 59 00, www.geor gemewescheese.co.uk, Subway Hillhead, Bus 4 Caledon Lane, Mo–Sa 9–18, So 9–17 Uhr

Schottlands Nationalgetränk
The Good Spirits Co 🅐 Karte 2, D 3
Der sehr gute Whiskyladen hat rund 200 auch ausgefallenere Single Malts im Angebot – und somit beste Anlaufstelle für Whisky-Fans. Der Service ist freundlich und es gibt regelmäßig Whisky-Tastings (Termine s. Website). Angesichts des derzeitigen Gin-Booms (nicht nur) in Schottland bietet der Laden auch eine große Auswahl an heimischen Gins.

23 Bath Street, T 0141 258 84 27, www. thegoodspiritsco.com, Subway Buchanan Street, Busse Hope/Renfield Street, Mo–Sa 10–19, So 12–17 Uhr

··

GESCHENKE, DESIGN UND KURIOSES
··

Alles, was glänzt
Argyll Arcade 🅐 Karte 2, E 5
Wenn es um kostbaren Schmuck und teure Uhren geht, ist die L-förmige vik-

torianische Einkaufspassage von 1827 die beste Adresse in Schottland. In dem historischen Ambiente konzentrieren sich die Top-Seller Tür an Tür. Gleich am Eingang zur Buchanan Street befindet sich z. B. das Geschäft von Mappin & Webb. Ein Blick auf die Rückwand fällt auf zwei Wappen: Diese zeigen, dass der Laden königlicher Hoflieferant für die Queen und Prince Charles ist. Eine solche quasi-offizielle Ernennung gilt in Großbritannien bis heute als große Ehre (und natürlich auch leicht verkaufsfördernd …).

30 Buchanan Street/102 Argyle Street, www. argyll-arcade.com, Subway/Busse St Enoch, Mo–Sa 10–17.30, So 12–17 Uhr

Plattform für Künstler und Kunsthandwerken
Scottish Design Exchange
🅐 Karte 2, E 2
Nachdem Lynzi Leroy das Prinzip erfolgreich in Edinburgh auf die Beine gestellt hat, zog es sie 2018 auch nach Glasgow. Im 2. OG des Einkaufszentrums Buchanan Galleries bietet sie ihre große Ladenfläche interessierten Designer zur Miete an. Sie startete mit mehr als 70, bis zu 150 sollen es werden. Dadurch müssen sich die Künstler keinen eige-

nen, und vergleichsweise teuren, Laden in der Stadt suchen. Die Bandbreite ist enorm: Angefangen von Nippes und Karten geht es über Bilder, Klamotten und Accessoires bis zu Schmuck und Harris Tweed. Man darf gespannt sein, ob die Idee auch in Glasgow Früchte trägt.

Buchanan Galleries, Buchanan Street, www. scottishdesignexchange.com, Subway Buchanan Street, Busse George Square/Renfield Street, Mo–Sa 9–19, So 10–18 Uhr

Designer-Schmuck und mehr
Nancy Smillie Jewellery Studio
🅰 E 1
Der kleine adrette Laden an der Great Western Road überzeugt durch kunstvoll designten Schmuck sowie entsprechende Accessoires und etwas Mode. Bei einem Bummel kann man den Laden schnell übersehen, doch ein kurzer Stopp empfiehlt sich.

425 Great Western Road, T 0141 334 00 55, www.nancysmillieshop.com, Subway Kelvinbridge, Bus 6 Great Western Road/Lansdowne Crescent, Mo/Di 10–17.30, Mi–Sa 9.30–17.30, So 11.30–17 Uhr

Hebriden-Düfte
Isle of Skye Candle Co.
🅰 Karte 2, E 3
Wohlduftende Kerzen und Seife von der Hebrideninsel Skye an der Westküste sowie aus den Highlands bei Fort William werden in diesem modernen Shop am nördlichen Ende der Fußgängerzone angeboten.

172 Buchanan Street, www.skyecandles.co.uk, Subway Buchanan Street, Busse George Square, Mo–Sa 9.30–19, So 10–18 Uhr

MODE, ACCESSOIRES

Wolliges aus Schottland
House of Cashmere
🅰 Karte 2, D 4
Wovon es in Edinburgh Dutzende Läden gibt, muss man in Glasgow fast mit der Lupe suchen. Hier wird hochwertige Cashmere- und Wollmode verkauft, darunter auch der berühmte Harris Tweed. Sehr nützlich und schön sind die Schals, wenn es draußen mal wieder etwas windiger sein sollte.

In einigen Läden werden auch eher kitschige Kiltverschnitte verkauft, u. a. für Fußballfans.

34 Gordon Street, T 0141 249 98 57, www.
houseofcashmere.co.uk, Subway St Enoch, Busse
Union Street, tgl. 9–21 Uhr

Noch mehr schicke Wolle
Brora
🔒 Karte 2, E 4

Der Laden in der Merchant City bezieht
seit 1997 seine Cashmere-Wolle aus
den Eastfield Mills in Hawick, südlich
von Edinburgh. Das Ergebnis ist mo-
disch schick und traditionell zugleich.
Hier wird noch Qualität verarbeitet.

197–207 Ingram Street (Ecke Miller Street),
T 03456 59 99 44, www.brora.co.uk, Busse
George Square/Ingram Street, Mo–Sa
10–18 Uhr

Kilt ist Kult
Kilts 4 U
🔒 C 2

Für junge Männer ist ein Kilt für
festliche Anlässe längst wieder in. Sei
es bei Hochzeiten oder anderen großen
Feiern – Mann lässt sich dafür gerne
in ein traditionelles schottisches Tartan
kleiden. Kiltverleiher haben deshalb
Konjunktur, da ein komplettes maßge-
schneidertes Outfit mit Rock, Jackett
und allem Drum und Dran doch mehrere
Hundert Euro kosten kann. Allerdings
ist auch die Ausleihe nicht ganz billig
(ab 90 £). Wenn Sie jedoch schon immer
davon geträumt haben sollten, einmal
ein ganzes Wochenende im Kilt durch
die Stadt zu laufen, in diesem feschen
Laden in Partick werden Ihre Träume
wahr.

179 Dumbarton Road, T 0141 334 41 00,
www.kilts4u.co.uk, Subway Kelvinhall, Bus 2,
3, 77 Downhill Street, Mo–Do 10–17, Fr/Sa
10–16 Uhr

Noch mehr Kilt
Slanj Scotland
🔒 Karte 2, D 3

Und noch ein Kiltausstatter, etwas näher
an der Innenstadt. Jetzt gibt es keine
Ausrede mehr, nicht mit wehendem
Rock mutig abends auszugehen.

80 St Vincent Street, T 0141 248 56 32, www.
slanjkilts.com, Busse St Vincent/Hope/Renfield
Street, Mo–Sa 9.30–17.30, So 11–16 Uhr (Sa/
So nur nach Voranmeldung)

BAGPIPES

Eigentlich war der Dudelsack für die
Weiten der Highlands gedacht, aber
in Glasgow wird das Sack-Instru-
ment mitten in der Stadt unterrich-
tet. Schüler können sich hier auch
mit dem richtigen Instrument für
Anfänger und Fortgeschrittene im
Bagpipe Shop im National Piping
Centre eindecken. Das Spielen des
traditionsreichen Instruments erfor-
dert viel Erfahrung und ist längst
nicht so leicht, wie es zunächst
aussehen mag.

Wie man in der angeschlossenen
Museumsausstellung erfährt, stammen Dudelsäcke ursprünglich aus
dem Mittelmeerraum und erreichten
Schottland im 14. Jh. Vor allem im
keltisch dominierten Westen hielten
sich manche Clan-Chefs bald
echte Piper-Dynastien und es gab
sogar eigene *piping schools*. Dabei
ging es auch um die militärische
Verwendbarkeit, und bis ins 18. Jh.
fürchteten sich englische Armeen in
der Schlacht vor dem ohrenbetäu-
benden Lärm der *bagpipes*.

Bis heute haben schottische Regi-
menter eigene Dudelsack-Bands. Im
zivilen Leben kommen *pipers* heute
vor allem bei Hochzeiten und Beerdigungen zum Einsatz oder aber bei
Highland Games. Das Spielen des
Dudelsacks ist wieder in.

Jedes Jahr im August finden in
Glasgow zudem die World Pipe
Band Championships (www.
theworlds.co.uk) statt sowie das
Dudelsack-Festival Piping Live!
(www.pipinglive.co.uk).

Bagpipe Shop @ The National
Piping Centre: 30–34 McPhater
Street, T 0141 353 02 20, www.
thepipingcentre.co.uk, Mo–Do
9–19, Fr 9–17, Sa 9–12 Uhr

Cheers!

Worauf haben Sie Lust – Kino oder Konzert, Theater oder Pub? In Schottlands größter Stadt ist abends alles möglich und das eine muss das andere ja nicht ausschließen. Neben den »klassischen« Ausgeh-Angeboten hat sich die dynamische Unistadt mit Clubs und Discos auch bestens auf ein junges Partypublikum eingestellt – auf geht's in die Nacht!

Typisch für Glasgow ist das gute Angebot an netten Pubs, die sich von einst verräucherten Kneipen vielerorts weiterentwickelt haben zu einladenden und offeneren Gastro-Kneipen. Die Übernahme von alten Bankgebäuden im Stadtzentrum hat zudem etwas altehrwürdigen Glanz in die Pub-szene gebracht. Auch in Glasgow macht sich die Craft-Bier-Revolution durch neue regionale Anbieter bemerkbar. Natürlich bieten zahlreiche Pubs Livemusik an, von Rock und Blues bis zu schottischer Folkmusik ist die Palette breit gefächert.

Mit mehreren hochkarätigen Theatern und Konzertsälen bietet Glasgow ebenfalls im Bereich Bühne und Konzert sehr ansprechende Ausgehmöglichkeiten – auch große Namen kommen gerne nach Glasgow. Und zu Hogmanay (Silvester) feiert halb Glasgow draußen auf der Straße.

Die Zeiten der Sperrstunde um 23 Uhr sind lange vorbei. Viele Pubs haben heute zumindest bis Mitternacht und am Wochenende bis 1 Uhr geöffnet, danach übernehmen die Clubs die Szene. Hier wird dann meist Eintritt fällig (ca. 5–15 £).

ZUM SELBST ENTDECKEN

Ein sehr beliebtes Ausgehviertel ist die **Merchant City**, wo schicke, gehobene Locations neben stimmungsvollen traditionellen Pubs und lockeren Szenetreffs koexistieren. Im ehemaligen **Bankenviertel** im Stadtzentrum finden sich weitere empfehlenswerte Adressen sowie Theater, Kinos und Konzertsäle. Etwas jünger und studentischer geht es im Univiertel **Hillhead** entlang der Great Western Road und vor allem der Byres Road zu.

Einen Überblick über Livemusik von Folk über Blues bis Rock bietet der monatliche **Gig Guide** (www.gigguide.co.uk), der in vielen Pubs kostenlos ausliegt. Die beste **Online-Übersicht** über Veranstaltungen aller Art, auch der Schwulen- und Lesbenszene (LGBT), bietet www.list.co.uk. Hier lassen sich auch gleich Tickets bestellen.

Cheers – in der Ashton Lane

BARS & KNEIPEN

Oldie mit Flair
Babbity Bowster ☼ Karte 2, G 5
Das elegante Haus stammt vom Ende des 18. Jh. und dient heute als angenehmer, stimmungsvoller Bistro-Pub mit offenem Kamin. Neben Bieren auch kleinerer Brauereien gibt es herzhafte Hausmannskost; Mi/Sa-Nachmittag Folkmusik-Sessions
16–18 Blackfriars Street, www.babbitybowster. com, Busse Glassford Street, tgl. 12–23.45 Uhr

Pub mit rotem Sandstein
Blackfriars ☼ Karte 2, G 5
In einem der typischen roten Sandsteinbauten der Merchant City ist der sympathische Pub immer gut gefüllt. Füllen kann man hier auch den Magen und an Wochenenden wird bis 3 Uhr nachts gezapft.
36 Bell Street, www.blackfriarsglasgow.com, Busse Trongate/Stockwell Street, Mo–Do 11–24, Fr/Sa 11–3, So 12.30–24 Uhr

Traditionell gut
Rab Ha's ☼ Karte 2, F 4
Direkt neben dem BrewDog (▶ S. 107) bewahrt das Rab Ha's mitten in der Merchant City den Charme eines traditionellen Pubs, der aber etwas ruhiger gestimmt ist als die großen Biersäle im Zentrum. Hier wirkt alles etwas gesetzter. Gute Küche und auch Zimmer über dem Pub.
83 Hutcheson Street, www.rabhas.co.uk, Busse Glassford Street, tgl. 11–24 Uhr

Trinken in der Schalterhalle
The Counting House
☼ Karte 2, E 4
Am George Square hat die britische Pub-Kette JD Wetherspoon ein grandioses Bankgebäude übernommen. Unter der Kuppel stoßen Büroangestellte, Shopper und Touristen in großer Zahl an; auch Pub-Gerichte und sogar Frühstück.
2 St Vincent Place, www.jdwetherspoon.com, Subway Buchanan Street, Busse George Square/ St Vincent Place, tgl. 7–24 Uhr

Trommel und Affe
Drum & Monkey ☼ Karte 2, D 3
Hinter diesem ziemlich kuriosen Namen verbirgt sich einer der nettesten Pubs im zentralen Geschäftsviertel. Die ehemalige Bank wartet mit vielen Verzierungen auf und gehört jetzt der Nicholsons-Pub-Kette; auch einfache Pub-Küche.
91 St Vincent Street, www.nicholsonspubs. co.uk, Busse St Vincent/Hope/Renfield Street, So–Do 12–23, Fr/Sa 12–24 Uhr

Ehemaliges Kino
Hillhead Bookclub ☼ D 1
Die vielleicht stimmungsvollste Kneipe in Hillhead serviert auch vegane Leckereien, man kann Tischtennis spielen oder sich in bequemen Sesseln entspannt mit einem Drink zurücklehnen; gute Cocktails.
17 Vinicombe Street, www.hillheadbookclub. co.uk, Subway Hillhead, tgl. 11–24 Uhr

Kulturkirche Òran Mór

Kulturkirche im Westen
Òran Mór ☼ D 1
Die ehemalige Kirche ist eine attraktive Mischung aus einem netten Pub und einer Kleinkunstbühne – und eine ungewöhnliche Adresse. Täglich startet mittags das kultige Programm »A play, a pie and a pint«, das Theater mit einer Mittagspause verbindet. Auch abends Veranstaltungen im »Großen Lied«.
Byres Road/Great Western Road, www.oran-mor.co.uk, Bus 6 Great Western Road/Kersland Street, Mo–Mi 9–2, Do–So 9–3 Uhr

Drei Richter in Partick
The Three Judges ☼ C 2
In Sachen Real Ales haben Bierfans die Qual der Wahl. In dem sympathischen

WHISKY – SCHOTTLANDS »WASSER DES LEBENS«

Kein anderes Getränk wird so sehr mit Schottland verbunden wie der hochprozentige Whisky, der in über 120 Destillen im Land hergestellt wird – mittlerweile auch wieder direkt in Glasgow.

Schottische Whiskygeschichte

In Schottland wurde das »Wasser des Lebens« (gälisch: uisge beatha) 1494 erstmals schriftlich erwähnt. Lange Zeit waren die illegale Whiskybrennerei und der Whiskyschmuggel ein beliebter Volkssport und Nationaldichter Robert Burns, im Hauptberuf selbst Steuereintreiber, rief einst gar aus: »Mit Whisky nehmen wir's gegen den Teufel aus.«
Doch die Zeiten der illegalen Brennereien sind vorbei – und das, obwohl es in den letzten Jahren förmlich einen Whisky-Run gab. So entstanden und entstehen zahlreiche neue Destillen – in Glasgow z. B. am Clyde. Whisky ist mit rund 4 Mrd. £ zu einem der wichtigsten Exportgüter Schottlands geworden.

Kleine Whiskykunde

Der hochprozentige Klassiker kommt grundsätzlich in zwei unterschiedlichen Formen daher: als blended (Verschnitt) aus mehreren Brennereien oder als Single Malt aus einer einzigen. Nach einem langen und komplexen Brennverfahren wird der Whisky zumeist in ehemaligen Sherry- oder Bourbon-Eichenfässern gelagert, bevor er als Single Malt nach zumeist mindestens 10 Jahren in Flaschen abgefüllt wird (gesetzlich vorgeschrieben sind nur 3 Jahre und 1 Tag). Sobald der Whisky in der Flasche ist, ist auch der Reifungsprozess abgeschlossen. Übrigens: Je länger der Whisky im Fass lagert, desto größer wird auch der sog. »angels' share« (»Anteil der Engel«), d. h. es verdunstet mehr. Single Malt schmeckt mal torfig, mal rauchig, mal scharf, mal mild – Whisky tasting ist zu einer echten Wissenschaft geworden. In der Standardversion hat der Whisky zumeist 40–43 % Alkohol, weil er mit Wasser verdünnt wird. Spezialabfüllungen in Fassstärke *(cask strength)* können mehr als 55 % haben. Da Whisky zum begehrten Sammlerobjekt geworden ist, werden für manche Liebhaberabfüllungen astronomische Summen auf den Tisch gelegt.

Prost

Wer sich mit einem »wee dram« (kleinen Schluck) Whisky zuprostet, nutzt das gälische Wort »slàinte« (ausgesprochen »slahnsch«) für Gesundheit.

Nachbarschaftspub am Südende der Byres Road ist die Stimmung sehr angenehm.
141 Dumbarton Road/Partick Cross, www.threejudges.co.uk, Subway Kelvinhall, Bus 2, 3, 77 Church Street, tgl. 11–24 Uhr

Kneipe im Pfarrhaus
Cottiers Bar ☼ C 1
Und noch eine umgebaute Kirche im West End: Cottiers ist eine spannende Mischung aus Theater, Restaurant (Leiper's Attic, oben) sowie der Cottiers Bar unten. Der Saal verströmt ein ungewöhnliches Art-Nouveau-Feeling und die Küche hält auch gehobeneren Ansprüchen stand.

93 Hyndland Street, https://cottiers.com, Bus 4 Hyndland Road/Hyndland Avenue, tgl. 11–24 Uhr

WHISKY & CRAFT BEER

Bayerisch-schottische Braukunst
West ☼ J 5
Petra Wetzel aus dem bayerischen Franken gründete 2006 im denkmalgeschützten Templeton-Gebäude eine eigene Brauerei. Nach dem deutschen Reinheitsgebot werden u. a. das helle »St Mungo«, die »Heidi-Weisse«, das »West Black« und die Sorte »Oktober-

Bekannt für die große Whisky-Auswahl: The Pot Still

fest« gebraut – und das alles mit »Glaswegian Heart and German Head«. Dazu deftige bayerisch-schottische Küche, im Sommer mit Biergarten.

Templeton Building, www.westbeer.com, Bus 18, 64 London Road/Graignestock Street, So–Do 11–23, Fr/Sa 11–24 Uhr

Überhaupt nicht auf dem Trockenen
Drygate ☼ Karte 2, J 4
Glasgows zweite Craft-Beer-Brauerei ist am Rande der Tennent's Brewery (▸ S. 34) im East End entstanden. Der große Saal wirkt ein wenig wie ein bayerisches Brauhaus und lockt ein sehr gemischtes Publikum an. Auch hier gibt es deftige Küche.

85 Drygate, www.drygate.com, Bus 41 Duke Street/Barrack Street, tgl. 11–24 Uhr

Craft-Beer-Punk
BrewDog ☼ C 2
Die steil aufstrebende Brauerei zweier dynamischer Jungs aus Aberdeenshire gilt aufgrund des unkonventionellen Marketings als Punk unter den Craft-Beer-Produzenten. Mit interessanten Bieren und netten, hellen Bars hat sich BrewDog in den letzten Jahren eine treue Kundschaft erworben. Die Filiale DogHouse befindet sich mitten in der Merchant City, die andere genießt einen tollen Blick auf die Kelvingrove Art Gallery (▸ S. 54).

99 Hutcheson Street, Busse Glassford Street; 1397–1403 Argyle Street, Bus 2, 3, 77 Argyle Street/Kelvingrove Art Galleries; beide: www.brewdog.com, tgl. 11–24 Uhr

Traditionell viktorianisch
The Pot Still ☼ Karte 2, D 3
Im westlichen Zentrum ist der Brennkessel eine sehr gemütliche und relaxte Whisky-Bar mit rund 300 unterschiedlichen Single Malts. Dazu werden deftige Pasteten serviert.

154 Hope Street, www.potstillglasgow.com, Busse Hope/Renfield Street, tgl. 11–24 Uhr

Ein Traum für Whisky-Liebhaber
The Bon Accord
☼ Karte 2, A 2
Die Lage an der Stadtautobahn mag nicht so schön sein, doch drinnen geht es warm und freundlich zu. Vielleicht liegt das auch an den rund 450 verschiedenen Single Malts, die hier ausgeschenkt werden. Das ist auch für Glasgow ungewöhnlich viel.

153 North Street, www.bonaccordpub.com, Bus 2 St Vincent Terrace, Bus 3 Sauchiehall Street/Woodside Crescent, tgl. 11–24 Uhr

Wenn die Nacht beginnt

LIVEMUSIK

Kult-Kneipe am Clyde
The Clutha ✿ G 5
Nach einem tragischen Hubschrauber-Absturz kam der Oldtimer Clutha mit viel Unterstützung wieder zurück. Hier gibt es jeden Abend Live-Musik – eine Institution.
167 Stockwell Street, Busse Osborne Street, tgl. 12–24 Uhr

Folk und mehr
MacSorleys ✿ Karte 2, D 5
Von außen sieht das MacSorleys nicht unbedingt verlockend aus, aber hier ertönt fast jeden Tag Live-Musik, z. B. montags Folk.
42 Jamaica Street, www.mac-sorleys.com, Subway/Busse St Enoch, tgl. 12–24 Uhr

Irisch-schottische Party
Molly Malones ✿ Karte 2, D 2
Die Beziehungen zwischen Glasgow und Irland sind traditionell sehr eng – viele Glaswegians haben ihre Vorfahren auf der grünen Insel. Von daher ist es sehr verständlich, dass auch irische Folkmusik in Glasgow eine solide Basis hat.
224 Hope Street, www.belhavenpubs.co.uk, Busse Hope/Renfield Street, tgl. 11–24 Uhr

Stimmung wie an der Westküste
The Islay Inn ✿ D 3
Im Szeneviertel Finnieston sorgt hier regelmäßig Livemusik für Stimmung: Mo/Do ist Fiddle-Session angesagt, Fr/Sa spielen Gastbands. Dazu gibt es einen günstigen »whisky of the month« von der namengebenden Hebrideninsel.
1256 Argyle Street, www.islayinn.com, Bus 2 Argyle Street/Haugh Road, tgl. 11–24 Uhr

Traditionelle Musikkneipe
The Lismore Bar ✿ C 2
Der Pub im westlichen Vorort Partick scheint den Stürmen der Zeit getrotzt zu haben. Mo/Di/Do/So finden Folk-Sessions statt. Hier ist alles noch etwas urtümlicher.
206 Dumbarton Road, Subway Kelvinhall, Bus 2, 3, 77 Dowanhill Street, tgl. 11–24 Uhr

TANZEN & CLUBS

Hotspot der Clubbing-Szene
Nice 'N' Sleazy ✿ Karte 2, A 2
Im mittleren Teil der Sauchiehall Street sind in dem bekannten Club Themenabende, aber auch Live-Auftritte angesagt. Benannt nach einem Song der Stranglers ist das Musikprogramm breit gefächert.
421 Sauchiehall Street, www.nicensleazy.com, Bus 3, 4, King's Theatre/Dental Hospital, tgl. 12–3 Uhr

Auf geht's in die Nacht
Sub Club ✿ Karte 2, D 5
Der Klassiker unter den Nightclubs öffnet schon seit mehr als 30 Jahren spät abends die Pforten und hat sich seither mit DJ-Sets, Studi-Partys und einem Mix aus House, Techno und Disco an der Spitze gehalten.
22 Jamaica Street, www.subclub.co.uk, Subway/Busse St Enoch, Mo–Sa 23–3 Uhr

Legendärer Musikclub
King Tuts Wah Wah Hut ✿ Karte 2, B 3
Nachdem die Gallagher-Brüder mit Oasis just hier 1993 nach einem Gig unter Vertrag genommen wurden, gilt das King Tuts als der Ort, wo große Karrieren beginnen (könnten). Bis heute ist das Musikprogramm vielseitig und anspruchsvoll. Auch Amy Macdonald tritt hier auf.
272a St Vincent Street, www.kingtuts.co.uk, Bus 2 St Vincent/Holland Street, an Konzerttagen bis 1 Uhr

THEATER & KINO

Comedy bis Schauspiel
Theatre Royal / King's Theatre ✿ Karte 2, D 2 bzw. Karte 2, A 2
Zwei führende Theaterhäuser Schottlands bieten ein breit gefächertes Programm von Schauspiel bis Musical und Comedy.
282 Hope Street / 297 Bath Street, www.atgtickets.com

HÖHEPUNKTE DES GLASGOWER KULTURPROGRAMMS

Celtic Connections/ King Creosote

Glasgow feiert

Gleich im Januar dreht sich musikalisch seit 1994 zwei Wochen lang mit rund 300 Konzerten alles um die Celtic Connections (www.celticconnections.com) der schottischen und internationalen Folkmusik – ein echter musikalischer Leckerbissen. Ebenfalls früh im Jahr starten das Glasgow Film Festival (www.glasgowfilm.org/festival) im Februar sowie das anspruchsvolle Literaturfestival Aye Write! (www.ayewrite.com) im März. Im Juni und Juli geht es mit dem dreiwöchigen West End Festival (www.westendfestival.co.uk) sowie dem zehntägigen Merchant City Festival (www.merchantcityfestival.com) in die Stadtteile. Ein neues Highlight seit 2017 ist das TRNSMT-Festival (www.transmtfest.com) auf dem Glasgow Green mit international bekannten Top-Acts für Rock und Indie.

Eine sehr schottische Angelegenheit sind im August die World Pipe Band Championships (www.theworlds.co.uk) sowie das Dudelsackfestival Piping Live! (www.pipinglive.co.uk).

Konzerte

Große Konzerthallen am Clyde sind das SSE Hydro (Exhibition Way, www.thessehydro.com) sowie das SEC Armadillo (www.sec.co.uk). In der Innenstadt ist die Glasgow Royal Concert Hall (2 Sauchiehall Street, www.glasgowconcerthalls.com) eine weitere wichtige Bühne für internationale Stars, aber auch für das hier beheimatete Royal Scottish National Orchestra (www.rsno.org.uk). Zwei kleinere Musikbühnen sind in der Merchant City die City Halls und der Old Fruitmarket (beide: Candleriggs, www.glasgowconcerthalls.com). Ein Klassiker ist der Barrowland Ballroom (www.glasgow-barrowland.com, ▶ S. 30).

Zeitgenössisches
Tron Theatre ☼ Karte 2, F 5
Am Rande der Merchant City bringt das Tron v.a. Zeitgenössisches auf die Bühne.
63 Trongate, www.tron.co.uk

Ballett im Depot
Tramway ☼ F 7
In dem einstigen Straßenbahndepot im Süden der Stadt residiert das hochkarätige Ensemble des Scottish Ballet.
25 Albert Drive, www.tramway.org, www.scottishballet.co.uk

Programm mit Anspruch
Glasgow Film Theatre
☼ Karte 2, C 2
Das GFT ist Glasgows führende Adresse für anspruchsvolles Programmkino – und auch in ganz Schottland eine Institution.
12 Rose Street, www.glasgowfilm.org

Erst Film, dann Party
Grosvenor Cinema ☼ C–D 1
Einladendes Kino zwischen Mainstream und Arthouse, mitten im Ausgehviertel von Hillhead.
24 Ashton Lane, www.grosvenorcinema.co.uk

British humour
The Stand Comedy Club
☼ E 2
Der nette Kabarett-Club bringt täglich wechselnde Comedians auf die Bühne – eine gute Einführung in britischen Humor.
333 Woodlands Road, www.thestand.co.uk

Hin & weg

Glasgows Flughafen liegt 13 km südwestlich der Stadt, auch der Flughafen von Edinburgh liegt nur 60 km östlich. Die zentralen Bahnhöfe Central Station und Queen Street Station liegen mitten in der Stadt.

Glasgow Airport (GLA): 🕮 Karte 3, A 1, an der Autobahn M 8 bei Paisley, T 0344 481 55 55, www.glasgowairport.com
Mit dem Airport Express in die Stadt: Vom Flughafen kommt man sehr leicht mit dem öffentlichen Nahverkehr in die Stadt. Am günstigsten und schnellsten sind die Flughafenbusse Glasgow Airport Express 500 (www.firstglasgow.com/glasgowairportexpress). Diese bequemen Busse verkehren rund um die Uhr alle 10 Minuten (abends und nachts alle 15–60 Minuten) und benötigen rund 20 Minuten bis zum zentralen George Square im Stadtzentrum. Unterwegs halten sie auch an der Bothwell Street sowie schließlich an der Buchanan Bus Station etwas nördlich des Zentrums. Tickets kosten einfach 8 £ (Kinder 4 £), hin und zurück 12 £ (Kinder 6 £).
Mit dem Taxi in die Stadt: Eine Taxifahrt kostet je nach Ziel, Verkehrsdichte und Tageszeit ca. 23–25 £.
Edinburgh International Airport (EDI): 🕮 Karte 4, C 1
60 km östlich, T 0344 44 888 33, www.edinburghairport.com
Vom großen Flughafen westlich von Edinburgh benötigt man mit dem Direktbus Citylink Air rund 60 Min. bis zur zentralen Buchanan Bus Station in Glasgow. Die Busse verkehren rund um die Uhr alle 30–60 Min. Tickets kosten einfach 12 £ (Kinder 8,70 £), hin und zurück 20 £ (Kinder 14,20 £).
Central Station: 🕮 Karte 2, C–D 5, mitten im Stadtzentrum
Die Eurostar-Schnellzüge verkehren nach London St Pancras, Weiterfahrt nach Glasgow ab London Euston (800 m von St Pancras). Die Tickets für die britischen Züge müssen bei Virgin Trains (www.virgintrains.co.uk) online erworben werden, da die DB nur Tickets bis London verkauft (www.bahn.de). Die Fahrtzeit ab Köln beträgt ca. 10,5–11 Std.

BREXIT

Bei Redaktionsschluss stand trotz zweieinhalbjähriger intensiver Verhandlungen immer noch nicht fest, wie es nach dem Brexit Ende März 2019 konkret weitergeht. Das britische Parlament stimmte im Januar 2019 zunächst gegen den mit der EU ausgehandelten Vertrag. Dieser sah u. a. vor, dass bis Ende 2020 in einer Übergangsphase alle bisherigen Einreiseregelungen in Kraft bleiben, d. h. Sie benötigen auf jeden Fall einen gültigen Personalausweis oder Reisepass bei der Einreise. Zollkontrollen soll es vorerst weiterhin nicht geben. Es ist davon auszugehen, dass die konkreten Änderungen (Krankenversicherung, Handytarife, evtl. Visumspflichten, neue Zollbestimmungen, etc.) erst nach und nach verhandelt werden. Wichtig zu wissen in Schottland: Die deutliche Mehrheit der Schotten hat 2016 gegen den Brexit gestimmt und fühlt sich von der britischen Regierung gegen ihren Willen aus der EU gezogen.

ELEKTRIZITÄT

Will man Ladegeräte oder einen Föhn im Hotelzimmer oder sonstwo anschließen, braucht man einen Adapter für die dreipoligen britischen Steckdosen.

GELD

In Schottland wird mit dem britischen Pfund Sterling (£ oder GBP) bezahlt. Allerdings dürfen mehrere schottische Banken – nach Vorgabe der Bank of England – eigene Banknoten ausgeben. Diese gelten in ganz Großbritannien als gesetzliches Zahlungsmittel, werden aber manchmal von heimischen Banken nur zu einem schlechteren Kurs zurückgetauscht. Jedenfalls sollten Sie sich auf eine Vielzahl an unterschiedlichen Scheinen im Portemonnaie einstellen.
Wechselkurse (Feb. 2019):
1 £ = 1,15 € = 1,30 CHF
1 € = 0,87 £, 1 CHF = 0,77 £

INFORMATIONSQUELLEN

www.peoplemakeglasgow.com: Offizielle Website der kommunalen Tourismus- und Kulturorganisation Glasgow Life mit zahlreichen nützlichen Infos u. a. zu den Topattraktionen und allen kommunalen Museen sowie zum Verkehr, zu Unterkünften, zum Shoppen, zu Restaurants, zu Parks und Gärten, zum Kulturangebot sowie zu Stadtführungen – im Netz die umfassendste Anlaufstelle.
www.glasgow.gov.uk: Offizielle Website des Glasgow City Council (Stadtverwaltung), enthält viele nützliche Hinweise zum Alltag in der Stadt.
www.list.co.uk: Veranstaltungstipps für Theater, Kino, Konzerte und andere Events in Glasgow.
www.metoffice.gov.uk: Wettervorhersagen für Glasgow und das ganze Land.
www.visitscotland.com/holidays-breaks/accessible: Infos und Links zu barrierefreiem (accessible) Urlaub in Schottland.
www.scotland.gov.uk: Website der schottischen Regierung mit vielen Infos zu Kultur, staatlicher Organisation, Parlament, Wirtschaft, Umwelt, etc.
www.heraldscotland.com: Glasgows wichtigste Tageszeitung The Herald informiert auch online ausführlich über das schottische Tagesgeschehen, natürlich auch mit Infos aus der Clyde-Metropole.
www.firstglasgow.com: Website des größten Busunternehmens, das die meisten Stadtbusse sowie den Flughafenbus Glasgow Airport Express 500 betreibt. Mit Fahrplänen und aktuellen Ticketinfos.
www.spt.co.uk: Website des regionalen Bahnverbunds, der auch die U-Bahn in Glasgow betreibt.

Touristeninformation
VisitScotland: www.visitscotland.com/glasgow
Das schottische Fremdenverkehrsamt informiert im Netz sehr breit über das Land im Allgemeinen sowie über Glasgow im Speziellen. Vor Ort unterhält VisitScotland im Stadtzentrum eine Filiale, die kompetent mit allgemeinen Infos zur Stadt weiterhelfen kann, aber auch Unterkünfte bucht (gegen eine Gebühr von 4 £), über viel Infomaterial verfügt und einen kleinen Shop betreibt:
Glasgow iCentre: Karte 2, E 3, 156A/158 Buchanan Street, T 0141 566 40 83, Mai/Juni, Sept./Okt. Mo–Sa 9–18, So 10–16, Juli/Aug. Mo–Sa 9–19, So 10–17, Nov.–April Mo–Sa 9–17, So 10–16 Uhr

SICHERHEIT UND NOTFÄLLE

Schottlands größte Stadt ist im Allgemeinen sehr sicher. Das häufigste Delikt gegenüber Touristen ist – wenn überhaupt – Diebstahl.

Zentraler Notruf: T 999 (Polizei, Feuerwehr, Krankenwagen, kostenlos)
Polizei-Hotline: T 101 (bei Schadensmeldungen, z. B. Diebstahl, Autounfällen ohne Personenschaden, kostenlos)
Gesundheits-Hotline: T 111 (z. B. bei Beratungsbedarf oder Arztsuche, kostenlos)
Konsulate: Deutsches Generalkonsulat, 16 Eglinton Crescent, Edinburgh, T 0131 337 23 23, www.edinburgh.diplo.de; Österreichisches Honorarkonsulat,

15 Old Fishmarket Close, Edinburgh, T 0131 618 28 19, www.bmeia.gv.at; Schweizer Honorar-Generalkonsulat, 11/2 Regent Terrace, Edinburgh, T 0131 225 93 13, www.eda.admin.ch/london

Bank-/Kreditkarten-Sperrung:
T (0049) 116 116, www.116116.eu

UMWELTFREUNDLICH UNTERWEGS

Öffentliche Verkehrsmittel

Glasgow besitzt einen effizienten öffentlichen Nahverkehr, der sich vornehmlich auf zahlreiche Buslinien stützt. Zudem gibt es mehrere Nachtbuslinien. Im Zentrum liegen die wichtigsten Bushaltestellen am George Square, am St Enoch Square/Subway St Enoch/Argyle Street, an der St Vincent Street/Place sowie an der Hope und Renfield Street. Ergänzt wird das Angebot durch eine U-Bahn-Linie (Subway) sowie mehrere Regionalzuglinien in die Vororte und die Region.

Nur Fliegen ist schöner – Glasgows schwarze Taxis

Leider gibt es im öffentlichen Nahverkehr mehrere Anbieter, die sich bislang auf keinen gemeinsamen Stadt- oder Regionaltarif einigen konnten. Das bedeutet, dass man im Zweifelsfall je nach Fahrtstrecke mehrere Tickets braucht, wenn man den Anbieter wechselt. Kundenfreundlichkeit sieht leider anders aus.

First Bus: www.firstglasgow.com. Bei weitem größter Busanbieter, der Tagestickets (FirstDay) je nach Fahrtziel ab 4,30 £ (Kinder ab 1,50 £) anbietet.

Einzelfahrscheine (single tickets) kosten ab 1,60 £ (Kinder 1 £). Beim Busfahrer müssen Sie Ihr Fahrgeld passend einwerfen (es gibt kein Wechselgeld). Wochentickets (FirstWeek) kosten ab 15,50 £ (Kinder ab 7,50 £). Die Flughafenbusse haben Extratarife (► S. 110).

SPT: www.spt.co.uk
Die kreisrunde U-Bahn (Subway) hat ein eigenes Ticketsystem. Einzelfahrscheine kosten 1,70 £ (Kinder 0,75 £), Tagestickets 4,10 £ (Kinder 2 £). Für Fahrten in die Vororte mit der S-Bahn oder in die Region mit den Vorortzügen von Scotrail (www.scotrail.co.uk) gibt es SPT-Tagestickets. Aktuelle Infos im Netz oder an den Bahnhöfen.

Taxi

Glasgow Taxis: T 0141 429 70 70, www.glasgowtaxis.co.uk
Die schwarzen cabs gehören auch in Glasgow zum Stadtbild. Der Grundtarif für Taxifahrten liegt derzeit bei 3 £. Danach fallen weitere Gebühren je Fahrtstrecke und Wartezeit an (20 p je 150 m und weitere 20 p je 34 Sek. im Taxi). Bei Redaktionsschluss war eine Tariferhöhung im Gespräch.

Radfahren

Glasgow ist vor allem im Zentrum (noch) keine ideale Stadt für Radfahrer. Zum einen gibt es kaum Radwege, zum anderen sind viele der zentralen Straßen dicht befahren. Oft muss man nach weniger befahrenen Nebenstraßen Ausschau halten. Dazu kommt, dass es einige überraschend steile Hügel gibt. Das alles macht Radfahren im Alltagsverkehr für Ortsunkundige leider noch nicht wirklich attraktiv. Allerdings dürfen Räder z. B. die Busspuren nutzen, wo diese vorhanden sind. Und es gibt durchaus interessante Routen, z. B. entlang des Clyde zum Loch Lomond oder entlang des Forth & Clyde Canal Richtung Falkirk im Osten.

Glasgow Bike Tours: k Karte 2, J 5, T 0778 668 34 45, www.glasgowbike tours.co.uk, April–Okt., 2x tgl.
Die geführten Fahrradtouren durch die Stadt sind eine gute Alternative, weil

man in 3 Std. vom Startpunkt an der Drygate-Brauerei (▶ S. 107) im East End unweit der Kathedrale quer durch die Stadt bis zur Universität im West End radelt. Die Räder werden gestellt, unbedingt vorab reservieren.
Radverleih: Nextbike!, T 20 81 66 98 51, www.nextbike.co.uk
Glasgow hat mit 400 Rädern an 43 Verleihstation den Einstieg in ein öffentliches Rad-Verleihsystem angestoßen. Los geht es ab 1 £/30 Min.

STADTFÜHRUNGEN

Eat Walk Glasgow: www.eatwalkglasgow.co.uk, ▶ S. 93
Sehr informative und unterhaltsame Gastrotouren durch das Stadtzentrum in die Merchant City mit zahlreichen kulinarischen Kostproben.
Kathi Kamleitner (Watch Me See): www.watchmesee.com/private-glasgow-tour-stadtfuhrung
Die sympathische Reisebloggerin und Fotografin Kathi Kamleitner aus Wien lebt seit 2013 in Glasgow und ist eine passionierte Liebhaberin Schottlands. Kathi führt auf Anfrage kleine Gruppen sehr unterhaltsam durch die Stadt – natürlich auch auf Deutsch. Sie stellt sich dabei auf die individuellen Wünsche ihrer Gäste ein (ca. 3 Std., 60 £ für Gruppen bis zu 6 Pers., Infos/Anmeldung per Mail: kathi@watchmesee.com). Zudem gibt sie auf ihrer Website auch hilfreiche Tipps für vegane Essfreuden in Glasgow.
Walking Tours in Glasgow: www.walkingtoursin.com
Von Juni bis Anfang Oktober veranstalten Jenny und Liv 90-minütige kostenlose Stadtführungen (Spenden willkommen) vom St Enoch Square bis zur Kathedrale. Ein ausführlicher dreistündiger Rundgang startet Juni bis Sept. 2x tgl. an der Scott-Säule auf dem George Square, im Winter nur samstags (10, erm. 8/5 £). Interessant ist auch die bis zu zweistündige Street Art Tour zu den großen Wandgemälden (Juni–Sept.).

Fr/Sa/So 14 Uhr, 10 £) – alle Touren auf Englisch, vorab reservieren.
Glasgow University Tours: Gilbert Scott Building (Universität), University Way, www.gla.ac.uk/explore/visit/attractions/guidedtour. Historische einstündige Uniführungen ab Uni-Souvenirladen im Hauptgebäude, April–Sept. Di–So 11 u. 14 Uhr, sonst nur 14 Uhr, 10, erm. 8/5 £ (▶ auch S. 58).

STADTRUNDFAHRTEN

CitySightseeing Glasgow: 📖 Karte 2, B 3, T 0141 204 04 44, www.citysightseeingglasgow.co.uk, ganzjährig ab George Square
Die roten Doppeldeckerbusse sind die wahrscheinlich beste Art und Weise bei einem kurzen Wochenendaufenthalt einen guten Überblick über die wichtigsten Sights der Stadt zu bekommen und dort auszusteigen, wo die persönlichen Schwerpunkte liegen. Ab George Square werden derzeit 21 Stopps von der Kathedrale im Osten bis zum Riverside Museum und zur Byres Road im Westen angesteuert. Unterwegs kann man beliebig aus- und zusteigen. Die gesamte Runde dauert je nach Verkehr rund 80 Minuten. Über Kopfhörer gibt es informative Kommentare auf Englisch und Deutsch. Im Sommer starten die ersten Busse tgl. um 9.30 Uhr, der letzte gegen 18.15 Uhr in Intervallen von 10–20 Minuten. Im Winter fahren die Busse ca. alle 30 Min. von 9.30–16.30 Uhr. Angeboten werden Tickets für ein oder zwei Tage: 15/16, erm. 14/15, Kinder 8/9 £. Tickets gibt es dirckt im Bus.
Glasgow Taxi Tours: T 0141 429 70 70, www.glasgowtaxis.co.uk
Einmal im schwarzen Taxi mit eigenem Guide durch die Stadt geführt werden? Der größte Taxianbieter in Glasgow macht auch das möglich. Zur Auswahl stehen eine einstündige Tour durch das Stadtzentrum (35 £, bis zu fünf Pers.) oder eine längere zweistündige Tour (65 £, bis zu fünf Pers.). Startpunkte können individuell vereinbart werden.

O-Ton Glasgow

Let Glasgow flourish!

Offizielles Stadtmotto – Glaswegians sind optimistisch.
Lass Glasgow blühen!

How are you? / I'm fine.

Typischer Beginn einer (dialektfreien) Unterhaltung.
Wie geht's?/Mir geht's gut.

AYE / NAW

ja/nein
(schottisch)

Ah dinnae ken.

Ich weiß nicht./Keine Ahnung.
(schottisch)

What a bonnie/dreich day.

Was für ein schöner/miserabler, nasskalter Tag.

IT'S PURE BALTIC.

Es ist rattenkalt.

TATTIES AND NEEPS

Kartoffeln und Rüben
meist zerstampft als Beilage für Haggis

A wee dram

doon the watter

ein kleiner Schluck
meint einen (Schluck) Whisky

Schiffsausflug den Clyde hinunter
Als der Clyde noch näher war als Mallorca …

Scotland is not England

Schottland ist nicht England
Vielen Schotten ist die Eigenständigkeit wichtig, denken Sie bitte daran.

O FLOWER OF SCOTLAND

Oh Blüte Schottlands
Titel der inoffiziellen Nationalhymne Schottlands

Register

Das Klima im Blick

Reisen bereichert und verbindet Menschen und Kulturen. Wer reist, erzeugt auch CO_2. Der Flugverkehr trägt mit bis zu 10 % zur globalen Erwärmung bei. Wer das Klima schützen will, sollte sich – wenn möglich – für eine schonendere Reiseform entscheiden oder die Projekte von atmosfair unterstützen. Flugpassagiere spenden einen kilometerabhängigen Beitrag für die von ihnen verursachten Emissionen und finanzieren damit Projekte in Entwicklungsländern, die dort den Ausstoß von Klimagasen verringern helfen (www.atmosfair.de). Auch die Mitarbeiter des DuMont Reiseverlags fliegen mit atmosfair!

Abbildungsnachweis

Argyle Street Arches, Glasgow (GB): S. 44
Getty Images, München: S. 109 (Ross Gilmore/Redferns); 120/9 (Stefan Hoederath/
Redferns); 120/3 (Dean Mouhtaropoulos); 120/2 (National Galleries of Scotland)
Hanoi Bike Shop, Glasgow (GB): S. 97
Huber-Images, Garmisch-Partenkirchen: S. Titelbild, Faltplan, 104 (Matteo Carassale);
54 (Susanne Kremer)
iStock.com, Calgary (CA): S. 102 (Boogich); 36, 59 (georgeclerk); 53 (jimmcdowell);
98 (lucentius); 38 (MarioGuti); 66 (theasis); 78/79 (vichie81)
Kathi Kamleitner/WatchMeSee, Glasgow (GB): S. 8/9, 16/17, 23, 24, 25, 32, 35, 37,
57, 60, 64 u., 69, 70, 90, 92, 94, 101, 112
laif, Köln: S. 120/6 (Archivio GBB/CONTRASTO); 77 (Andrea Artz); 28 (Gil Giuglio/
hemis.fr); 49 (John Guidi/robertharding); 83, 86, 105 (Gerald Haenel); 12/13, 45,
64 o., 107 (Peter Hirth); 74 (Bernd Jonkmanns); 120/5 (Marcel Krijgsman/HH); 41
(Suse Multhaupt); 120/7 (Tom Jamieson/NYT/Redux)
Mauritius Images, Mittenwald: S. 4 u. (AGF/Lorenzo De Simone); 61 (John Peter
Photography/Alamy); Umschlagklappe hinten (Arthur Mace/Alamy); 85 (PictureScot-
land/Alamy); 4 o. (Neil Setchfield/Alamy); 80 (Monica Wells/Alamy)
Shutterstock.com, Amsterdam (NL): S. 29 (Complexli); 120/8 (cuklom); 56 (Drima-
Film); 40 (EQRoy); 51 (Gary_Ellis_Photography); 31 (Jasper Photography); 20
(Julietphotography); 89, Umschlagklappe vorn (KayRoxby); 120/1 (LudovicFarine); 7
(Moonmusician); 14/15 (Tana88); 48 (TreasureGalore); 71 (Ulmus Media)
Wikimedia Commons: S. 120/4 (CC PD/Henry Howard)

Zeichnung S. 5: Antonia Selzer, Lörrach
Zeichnungen S. 2, 11, 21, 36, 42, 52, 73, 75: Gerald Konopik, Fürstenfeldbruck

Kartografie

DuMont Reisekartografie, Fürstenfeldbruck
© DuMont Reiseverlag, Ostfildern

Umschlagfotos

Titelbild: Installation in der Kelvingrove Art Gallery & Museum
Umschlagklappe hinten: Historische Szene am Bahnhof in Glasgow

DuMont Reiseverlag, Postfach 3151, 73751 Ostfildern,
info@dumontreise.de, www.dumontreise.de

1. Auflage 2019
© DuMont Reiseverlag, Ostfildern
Alle Rechte vorbehalten
Autor: Matthias Eickhoff
Redaktion/Lektorat: Martin Silbermann
Grafisches Konzept: Eggers+Diaper, Potsdam
Printed in China

FSC
www.fsc.org
MIX
Papier aus ver-
antwortungsvollen
Quellen
FSC® C124385

Kennen Sie die?

Nicola Sturgeon

Seit 2014 schottische Regierungschefin der Schottischen Nationalpartei mit Wahlkreis in Glasgow (geb. 1970) – will Schottland unabhängig machen.

Maria Stuart

Mary Queen of Scots (reg. 1542–67) war Schottlands berühmteste und umstrittenste Monarchin – in Glasgow verlor sie 1568 ihre letzte Schlacht.

Lauren Gray

Curling ist eine schottische Paradedisziplin. Gray (geb. 1991) wurde mit dem Nationalteam schon Welt- und Europameisterin.

James Watt

Dem Ingenieur (1736–1819) kam 1765 auf dem Glasgow Green die entscheidende Idee auf dem Weg zur revolutionären Dampfmaschine.

Amy Macdonald

1987 in Bischopbriggs am Stadtrand von Glasgow geboren, hat die Singer-Songwriterin erfolgreich die Musikbühnen Europas erobert.

Charles Rennie Mackintosh

Der Architekt brachte zusammen mit seiner Frau Margaret Macdonald den Jugendstil nach Glasgow und hinterließ grandiose Bauwerke und Innendesigns.

Robert Carlyle

Der international erfolgreiche Filmstar (geb. 1961) glänzte u. a. in »James Bond – Die Welt ist nicht genug«, »Trainspotting« und »Ganz oder gar nicht«.

Queen Elizabeth II

Nicht die Monarchin, sondern die Königin der Meere stach 1969 als letztes großes Schiff vom Clyde aus in See.

Franz Ferdinand

Unter Glasgows zahlreichen Musiktalenten gehört die Rockband Franz Ferdinand seit 2002 zweifellos zu den erfolgreicheren.